日本 工作去！

日本大手企業
正社員応募
採用情報

TOMOKO──著

相信這本書對
想要在日本工作的各位會有幫助

　　TOMOKO 2010 年參加 JR 北海道應徵的「夏日夢幻打工」時，我在 JR 北海道上班，剛好負責這個活動。記得她對這份工作態度很認真、好奇心很強，很快了解 JR 北海道的公司文化，融入我們的團隊。

　　我本人後來離職 JR 北海道，移民到臺灣開始新生活，親自體會到日本跟臺灣的公司文化的差別。雖然以前已經接觸過許多台日交流方面的工作，但這些差別還是進國外公司才體會到的事情，所以我非常能理解 TOMOKO 在日本的立場與她所體驗到的辛苦。而且臺灣人在日本工作的難度比相反的還高，因此臺灣人是否成功在日本的工作是看是否了解多少秘訣與撇步。

　　這本書裡所寫到的內容來源都是 TOMOKO 親自體會的、也親自辛苦學到的事，因此我相信所有的內容對未來想要在日本工作的各位會有幫助。

　　同時，希望持續透過臺灣人的赴日工作交流，讓台日雙方的認知與交流更是發達！

矢崎　誠／誠亞國際有限公司代表

日本社會「就職難」

　　身為 TOMOKO 碩士論文的指導教授以及大學時期的日語教師，一路看著她留學日本、在日本求職、就職，總是為她的發展感到高興。在日本社會「就職難」的狀況下，就連日本學生都難找到工作，身為臺灣人留學生，她能夠順利獲得內定並且受日本數一數二的大企業聘用，著實難能可貴。

　　在教學過程中，我便感佩於她並非日語本科出身卻如此用心學習語言，甚至能夠達到不輸日文系學生的程度。當初聽到她順利在日本就職，也為她感到高興。

　　日本社會有許多規範、文化和臺灣不同，這些都是臺灣人赴日工作時必須學習、認知的。

　　如今 TOMOKO 要出書將自己的留日經驗分享出來，不只談求職、工作，也分享留學與打工的見聞，相信對往後有意留日的後輩而言是很珍貴的參考。

何瑞藤／臺灣大學名譽教授

臺灣日本研究學會會長

2010 旭日中綬章受賞者

透過 TOMOKO 的眼睛，去了解日本社會的各種不同面向

因為曾經看過 TOMOKO 在部落格撰寫她在日本多年生活經驗分享，太多地方都讓我覺得頗有同感，於是就在粉絲團內分享給粉絲們。不論是對日本生活有憧憬，或者是有計畫前往日本留學工作的朋友，都可以先行得到一些資訊。

TOMOKO 在此書深刻的分享自己這些年，在日本留學、生活與工作的心得，於公於私，與日本人朝夕相處的體認。除了觀光旅遊看到的日本景色之外，更可以透過 TOMOKO 的眼睛，去了解日本社會的各種不同面向。尤其是有志前往日本唸書就業的朋友，更應該在前往日本挑戰前，透過這本書，幫助你掌握日本生活大小事該如何做準備。

臉書專頁：「阿曼達。揹起包包去旅行。」

https://www.facebook.com/AmandaKyoto

阿曼達／日旅文字創作者

不趁年輕的時候衝動一次，
長大以後才會後悔

2010 年和 TOMOKO 同時應徵上 JR 北海道的夏日夢幻打工，工作結束後回到臺灣，Sophia 將自己一路以來學習日文的過程及北海道打工度假的經歷寫成了《Wo-Ho！北海道打工度假去》和大家分享。在書中未曾提及的，是當時其實有北海道美瑛町當地的飯店邀請我去工作，但我因為在臺灣還有拋不下的羈絆，只得忍痛婉拒了。

因此當我拿到 TOMOKO 的新書時，心情是帶有一絲絲期待與興奮的，因為就好像在翻閱自己夢幻打工的續集，心裡一邊想像著：如果我接受了當時飯店的邀約而留在日本工作的話會是什麼樣的情況？同時也一邊回想起很多夢幻打工時的美好記憶。

正在看書的你，可能也跟 Sophia 一樣，想去日本工作，但是又有諸多考量與猶豫不決，透過 TOMOKO 的詳實記錄與分享，大家除了想像，更可以瞭解到很多赴日發展的現實面，相信對很多正在計劃到日本留學、打工度假甚至求職的朋友們都會有一定的參考價值。

現在的我每週六固定在電台做節目，偶爾在 Live House 進行音樂演出，每年也會去日本旅遊 3 ～ 4 次，然後利用空閒時間在部落格整理成遊記，但是在我的心裡的某個角落，仍然不時偷偷地思考著赴日工作的可能性（笑），所以今後也會常常把TOMOKO 的書放在手邊當參考吧，也許有一天真的去日本工作了就能馬上派上用場。

沒有人能保證出國遊學或工作一定是精彩或開心的，但是那些過程一定都會成為一生難忘的回憶，祝福每一個有夢想的人都能有勇氣去實踐！

臉書專頁：「蘇菲亞愛漫遊」

https://www.facebook.com/jssophia

Sophia ／電台 DJ、歌手

以文字記錄我所認識的日本

　　我從小就喜歡用文字記錄生活。

　　大學時代第一次留學日本時，我養成寫網誌的習慣。生活中的所見所聞，和朋友旅遊走訪的景點、邂逅的人事物，總是想透過文字留下記錄，分享給周遭的人。

　　2010 年北海道夢幻打工，每日寫網誌分享打工趣聞是工作內容之一。從那時起，陸續有許多喜愛日本、熱衷旅遊的人關注我的部落格。後來在日本工作，礙於日本企業對形象維持的種種顧慮，兩年來我不曾在公開社群上談論過自己的工作。

　　決定辭職回臺灣結束多年留日生涯之際，突然萌生一個念頭：藉此回顧自己這幾年在日本各個階段的生活，以一種不同於過往的形式將見聞分享給更多人。於是，取得了公司的同意後，就這麼開始推動出書計畫。

　　留日經歷四年，說長不長說短不短，只是很幸運地在各種機緣之下於四年內體驗四種留日生活——留學、打工度假、求職、就職——書中的每一個篇章都秉持多角度的解析，給予有興趣至日本發展的人，不論是正職工作、打工度假或是留學，更多元的參考。

　　和朋友們聊起在日本的見聞，最常被問及的便是「某某狀況真的是像日劇裡演的那樣嗎？」回想自己尚未留日之前，對日本的印象、認知，幾乎全來自日本電視劇。在日本生活的這幾年，見證了許多與日劇如出一轍的情節，也驗證了不少「戲劇終究是戲劇」的時刻。

　　日劇中常常看到主角西裝筆挺去企業面試求職，實際上日本大學生找工作的流程是如何？日本上班族下班後都會去居酒屋喝上一杯嗎？在日本工作一定要會喝酒嗎？日劇中上演的職場霸凌現象好恐怖，真實生活中也是如此嗎？

　　本書憑藉親身經歷的分享在日本職場的實際見聞、在日本生活所接觸到的日本人,帶讀者們一窺「日劇以外」的日本樣貌。那些我也曾經有過的迷思,待我透過實地生活舉證一一破解。

　　這本書,是我留日經歷的紀錄,也是赴日生活的小指南。不只記載了我這幾年在日本求學、打工、工作的點滴,也不藏私地分享在日本求職、就業、生活的小撇步,給予想去日本發展的人一些參考,讓各位在赴日前不論是生活層面或心理層面都能有所準備。

　　最後,這本書的誕生,要感謝我人生過程中所有的參與者。

　　謝謝孕育我的母校,學校的交換留學計畫讓我得以兩度留日學習;謝謝JR北海道給我夏日打工度假的機會,讓我有一場難以忘懷的夢幻回憶;謝謝日本公司豐富了我的人生經歷;謝謝家人朋友同事這幾年來給予我的支持和鼓勵;謝謝出版社與編輯,讓我的夢想得以成形;謝謝正翻閱著本書的你,有你的參與整個計畫始得完整。

CONTENTS 目 次

Chapter
01

赴日工作，
你準備好了嗎?!

。日本職場漸進式

。留學、打工度假、正職工作，怎麼選?!

。喜歡日本所以想在日本工作?!

💬 日本職場漸進式

2012 年 4 月，我從留學生蛻變為日本社會新鮮人。

大學時代到沖繩交換留學是我這幾年來在日本生活的起點。2007 年至琉球大學交換留學一年、2010 年應徵 JR 北海道招募的夏日夢幻打工由 262 人中脫穎而出，至富良野擔任期間限定兩個月的翻譯兼解說員、2011 年又二度取得交換留學的機會至東京大學留學一年。近幾年，我待在日本的日子遠比在臺灣來得多，許多老朋友新朋友甚至都以為我是日文系畢業，殊不知我其實是個從外文系跳槽到大和文化的異例。

⊙ 留學經驗

回顧自己的學生時代，留日經驗確實畫下鮮豔豐富的一面。然而，大四那年去日本交換留學，當時的我，也從未料想過五年後自己竟會選擇在日本工作、扎根，走入這個社會。遙想初次在沖繩留學的那一年，不只是初次留日，也是我有生以來第一次獨立生活，關於日本的種種、關於海外生活，一切都是新鮮的。這個階段，如果以男女朋友交往作比喻，無疑是熱戀期，看什麼都有趣。

在留學之前，雖曾數度至日本旅遊，但在日本定居畢竟是頭一回，從初到時辦日本手機、至郵局開戶，以及後來日常生活中上日本超市買菜、進日本大學上課、到日本餐廳吃飯、搭日本電車公車等等，極為稀鬆平常的瑣事，對我而言卻樣樣新鮮有趣。過去只在日劇裡頭看著演員做這些事情，沒想到有一天，我竟也身在其中過著同樣的生活，著實令我這名哈日迷過足了癮。

交換留學就像拉長版的遊學，尤其大學部沒有寫論文、做專題的壓力，再加上交換留學期間修的課若是希望回臺灣可以折抵學分，也只看及格與否並不顯示成績，修起課來輕鬆無負擔。在沖繩留學的這短短一

> 和留學生朋友們一起穿上浴衣參加祭典。右下兩位是法國人，左上是泰國女孩和大陸男孩。

> 琉球大學留學生中心帶我們參觀介紹琉球傳統文化風俗的「琉球村」。

> 夏天一到我們便常常去海灘開「Beach Party」，烤肉玩水。由左到右分別為來自澳洲、英國、美國、臺灣、法國、夏威夷的留學生。

年，結交許多外國朋友，開拓了視野，成了我人生中最快樂的一段時光之一。

⊙ JR 北海道夢幻打工

2010 年，研究所碩二，記得那一年正竄起一股「夢幻打工」熱潮，例如有人去南太平洋的海島當了島主。JR 北海道也來臺灣搭上夢幻打工熱，而 2 ／ 262 是當年應徵這份「北海道夏日夢幻打工」的錄取率。

這個夢幻打工為期兩個月，從六月中至八月，因為七月正值富良野的薰衣草花開期，除了日本遊客以外，也有成千上萬的外國遊客慕名而來。這些外國遊客當中，華人

我和 Sohpia 幸運獲選為 2010 年北海道夢幻打工大使。

佔了絕大多數,尤其臺灣旅客更是長年來的頭號支持者。因此 JR 北海道從 2005 年開始,每年夏天便會招募兩位臺灣人至富良野和美瑛車站,用外國遊客熟悉的語言,為華人及其他外國遊客服務。

我和另一位夢幻打工得主 Sophia 透過公開招募徵選,幸運地成為 2010 年的服務大使。我擔任富良野站的服務員,除了周休一日以外,每天都在富良野車站和觀光協會之間兩頭跑。在車站,多半是協助外國遊客買票、看火車時刻表,外加一些簡易的富良野、美瑛一帶觀光導覽;在觀光案內所則會碰上各式各樣的遊客,除了外國人

以外不少日本人也會來詢問五花八門的觀光問題。

雖然只是短短兩個月的打工度假,卻成了我的職場先修班,讓我率先窺探日本職場的一面,也奠定了一些日後就業進入職場受用的禮節和商業用語。

⊙ 日本求職經歷

2011 年,研究所即將畢業之際,我選擇延畢以換得至全球百大學府之一的東京大學交換留學的機會。在東大留學的那一年,除了作研究、寫畢業論文以外,我同時也投入了求職,參加水深火熱的「就職活動」。

在日本 JOB HUNTING 叫做「就職活動」,簡稱「就活」,正在 JOB HUNTING 的學生就被稱為「就活生」。日本大學十月初開學,猶記當初我於九月底抵達東京,尚未入學正式成為留學生之前,就先當起「就活生」參加了幾場就業博覽會。回顧我在東大留學的那一年,求職生活幾乎佔去了一半。起先,我是為了窺探世界一流大學的過人之處,體驗日本第一學府的校園生活才二度報考交換留學,未料前半年竟過著以求職為重心的生活,險些忘了初衷。不過,現在回顧起那

> 求職期間套裝是必備服裝，於是我常常穿著套裝赴約、參加聚會。

段日子，也發現自己學習了不少，不論是日本學生求職的態度或是企業徵才的用心，都令我印象深刻。往後，只要聽聞周遭朋友正在日本進行「就職活動」，我都會忍不住說上幾句鼓勵的話語，告訴他們日本就活雖然很辛苦、挫折重重，有時候可能會對自己失去信心，有種自己一無是處、找不到工作的挫敗感，但是不論結果如何，就職活動中付出的努力必定會累積成難能可貴的經驗，習得一些一輩子受用的態度。

近幾年身邊越來越多人作著日本工作夢，就算不能在日本找到一份正職工作，至少也希望能靠著打工度假一圓美夢。雖然我也是個哈日族，喜愛日本電視劇、音樂，熱愛日本旅遊，但是我常常不明白，為什麼許多人嚮往到日本工作，尤其自己實際進入日本職場後，更是百思不解。近幾年我雖頻繁拜訪日本─留學、旅遊、打工度假，卻不曾萌生過在日本找工作的念頭。在沖繩留學時，身邊就有不少學長姊、朋友嘗試在日本求職，那時我就聽聞前輩勸告，在日本工作新鮮人月薪平均二十萬日圓，換算台幣六七萬，看似高薪，實則不然，日本消費水準高，收入多開銷也多，單看薪水日本不見得優於臺灣。於是我很早就知道，不能輕易作日本工作夢。

直到多年後，考上東京大學交換留學，熟識的日本朋友再三勸我考慮在日本工作的可能性，以長遠來看日本薪資遠高於臺灣數倍、以及我有精通中英日三國語言的優勢勸說，再加上在日本求職應屆畢業生擁有最大的機會，這可說是一生一次的寶貴黃金期，多方打量下，我才開始思考在日本工作的可能性。

於是在東大留學期間，我也就這麼加入了 JOB HUNTING 的行列，三天兩頭穿上黑色套裝，四處跑說明會和企業招考，體驗了所謂的「就活」。歷經九個月的就活，到各個公司參加筆試、面試，走過一段筆

> 東京大學最有名的「赤門」。東大交換留學的機緣給予了我在日本求職的絕佳機會。

試、面試都四處碰壁的低潮期，最後總算過關斬將順利取得內定。

如果將我在日本生活的四個階段——從沖繩留學到打工再到求職、就業——比喻為戀愛，就像是由初識、熱戀到磨合過渡期，而最後就職生活便是冷靜期了。

選擇在日本工作，最大的原因並非喜歡日本，而是明白這是個一生只有那麼一次的機會。不多求什麼，只希望這難得的機會，能為我換來一個寶貴的經驗。想留學遊學、打工度假，都不難，在國外就職卻不是任何人都能輕易達成的。而我

很幸運地透過二度留學的機緣，獲得第一志願公司的內定，就此開啟我日本生涯的新頁，真正走入這個社會，親身體驗日本的職場生活。

⊙ 綜合職 v.s. 一般職

日本企業依公司資本、員工總人數以及知名度粗分為大企業及中小企業兩種；大企業中，居於該業界頂端、知名度廣為人知的公司便是日文俗稱的「大手企業」。我的公司即是所謂的大手企業，員工總人數上萬，在日本國內是個無人不知無人不曉的企業。新鮮人起薪與其他大型企業大

同小異，不高不低恰巧符合標準值，福利制度尚稱完善。

日本企業徵才，往往分兩種職稱：「綜合職」、「一般職」。在臺灣比較少見這種職稱區別，真要比喻的話，主管經理等管理階層人才即為綜合職的代表，類似儲備幹部，一般職的代表則是坐在櫃檯負責簡易文書處理的秘書。基本上，一般職應徵難易度低於綜合職，對各種條件、能力的要求普遍低於綜合職。就工作上的展望而言，以一般職進公司多半是終身作同一種職務，異動性不大；綜合職則是平均三至五年會換一次部屬或職務，甚至有可能被調派至海內外其他地區的分公司。

日本企業的綜合職異動性大、挑戰度也相對高許多。應徵綜合職，進公司前多半不能確定自己分發的部門，不像臺灣公司徵才大多是直接點明職缺是行銷部、營業部等等。

另外，日本企業對綜合職員工的職涯栽培有個很有趣的安排：他們很注重「現場經驗」，例如應徵電信業的行銷企劃，進公司的頭幾年不是直接去企劃部報到，而是先到店頭門市當銷售員；又或者鐵路局的綜合職頭幾年可能會先分發到車站擔任票務員等等。

而我應徵上的便是綜合職，雖然長期來看是要栽培成公司中堅社員，進入公司內部協助推動各種企劃與方案，但入社後最先分配到的部門是第一線的服務員。

因此，我的工作類屬服務業，業務二十四小時全天候營運，無法如世間一般人周休二日固定休假，而是不分周末、早晚的輪班制。與大多數在日工作的前輩相比，我算是過著比較特異的職場生活。

工作兩年多，累積了數不盡的甘苦談。常常跟朋友開玩笑說，在日本工作這兩年工作上遇到的大小事，回臺灣寫成故事可以出好幾本書。從事服務業，每天總遇上千百種客人，旁人意想不到的趣事一籮筐，煩悶的時候也不少。尤其是第一年，或許是在日資歷不夠長，對日本文化了解不夠深入，吃苦的時候遠比甘來得多。日本上下分明的階層關係，對工作超過百分百的熱誠與幾近頑固的堅持、謹慎而繁雜的層層體系、講求以和為貴卻極度壓抑的大環境等等……在日本工作的頭一年，我經歷了一次又一次的文化衝擊，每一次都遠比過往留學或打工時期感受到的來得深刻而震撼。當然，凡事一體兩面，這兩年來我所學到的，不論是職場人際關係或是日本國情文化，也遠勝其他時期的好幾倍。

> 在琉球大學的日語課上我進行了人生首次的日語簡報！

💬 留學、打工度假、正職工作，怎麼選?!

臺灣哈日族多，每年想至日本留學、打工度假的年輕人成千上萬，懷抱著在日工作夢想的人更非少數。得知我三種經驗都有過，常有人向我諮詢應該留學還是打工度假，又或者該不該嘗試在日本找一份正職工作。

簡單來說，對想學好日語的人而言，留學是最正統、完整且紮實的途徑。不論是為期半年或一年的交換留學生，或是在日本拿學位的正式生，又或者語言學校，提供的都是在學校受教育的機會。有老師教導文法、糾正錯誤，三不五時出作業與考題鞭策，除非你真的很懶惰、不用心，否則日語能力的增長應當是無庸置疑的。

學生身分最沒有包袱，只要完成作業、做好研究，剩餘的全是屬於自己的自由時間，有許多機會跟其他留學生和日本同學交流。

打工度假和正職工作雖然也能增長日文能力，但更多的是「社會歷練」。透過工作，可以習得許多學校裡學不到的處事態度與應變能力，同時也可以讓你更深入地了解日本這個社會和民族。

而這兩者最大的差別就在於一個是全職工作，一個則是打工加上度假，也許工作上要求的嚴苛度相差不遠，心境上的差異卻不言可喻。如果僅僅想體驗在日本的生活，開開眼界，我會推薦嘗試打工度假；若是想深入日本社會，且有在異地打拼十年半載的覺悟再考慮正職工作。

我總是這麼建議：純粹想體驗日本生活的話，選擇一年打工度假就好。一年足夠你體驗，足夠你遊山玩水、認識這個國家；如果異文化適應上有困難，碰上一些無法理解的差異，也只需咬個牙忍過一年就好。正職工作不一樣，雖然你依

舊可以工作一兩年就辭職回臺灣，但為了融入社會，你所要做的決心、付出的努力，都是打工度假所無法比擬的。

　　三種生活各有優缺點，各有其他生活無可取代的樂趣與收穫，究竟該選哪一個，應當權衡自己的需求和客觀條件，綜合評估、審慎抉擇。以下列出一些簡單的支出比較，以及在日本每個月的平均生活花費，提供給有意至日本生活者參考、作準備。

日本基本生活費

(幣值日圓)

每個月的固定支出		備註
第一個月定居的安頓費	添購家電、傢俱、生活用品3～5萬日圓不等	若是住學校宿舍，往往會有前輩留下來的家具、生活用品，可省不少安頓費。SHAHRE HOUSE 也有部分共用家具（如洗衣機、冰箱、廚具等）
水電費	水費 2000～4000電費瓦斯費 6000～10000合計：8000～12000 不等	多半細分為水道料、ガス代、電気代；但現今許多廚房電氣化，使用 IH 系統，便只有電費、沒有瓦斯費
網路費	ADSL：2500 左右光纖網路：5000～7000	現今日本大多為光纖網路
手機通話費	智慧型手機通話費＋網路吃到飽平均 6500	此費用為月租通話費，不包括購買手機本體的費用
餐費	自炊為主：1.5～2.5 萬外食為主：3.5～6 萬	

總計每個月基本支出約為 4～6 萬日圓不等。初到日本的第一個月要再多加 3～5 萬日圓的預算。

留學、打工度假、正職工作支出比一比

（幣值日圓）

	留學	打工度假	正職工作	備註
房租（1K）	公立學校宿舍一個月 2～3 萬	SHARE HOUSE 一個月 5～6 萬	社宅 1～3 萬不等 自行租房 7～8 萬	
納稅	**最便宜！** 住民稅與國民健康保險費每三個月一期，沒有收入者一期約 3000～5000 **繳納最少**	日本政府針對外國人在日本打工徵收 20% 的稅金	所得稅、國民年金、健保費、住民稅等，每個月大約支付月薪 20%	在日本住滿一年以上都要繳交住民稅與國民健康保險費。依前年所得計算繳交額度。
交通費	申請通學定期券，費用約為一般車票的 5～6 折	通勤車費已包含在薪資中或是部分給付（※註）	原則上全額給付 **最省錢！**	※註：有的公司會註明一個月通勤費最多只支付 1 萬日圓，找房子時便得考量每個月的通勤車費是否可壓在金額內。

💬 喜歡日本所以想在日本工作?!

在批踢踢的日本文化版、留學版或是海外工作版，偶爾會看到有人詢問在日本求職的秘訣與注意事項，談起去日本工作的動機，有些人會回答：「我自助旅遊過幾次，滿喜歡日本的。想去工作看看。」

接著可能就會看到一些前輩回應，提醒他旅遊和工作是完全不一樣的，如果只是單純喜歡日本而想去日本工作，最好想清楚。

而我從順利取得日本公司內定後，也在自己的部落格和批踢踢上發表了一些心得分享，因此這幾年陸陸續續都會收到一些網友或是學弟妹來信詢問相關問題。我總是忍不住多問一句：「你為什麼想來日本工作？」並且雞婆地說：「千萬不要只是喜歡日本就想來日本工作，沒有其他更積極有深度的理由的話，小心你來一趟就變成討厭日本回臺灣啊。」

⊙ 旅遊、生活、工作大不同

遙想我當時會決定在日本工作，喜愛日本雖然不是動機，卻也是一個很大的動力。只是不曾料到，真正在這個國家工作、深入這個社會後，我反而常常想要逃離這個國家，不知不覺討厭起這個民族。儘管在工作前，我已經有兩年的留學和打工度假經驗，在日本的生活並不算陌生，工作幾個月下來卻馬上累積不少無形的、莫名的壓力。還記得留學期間，在日本過得開心又充實，快樂到不想回臺灣，放寒暑假家人問我要不要回臺灣，我一點都不想。但踏入職場後，當我工作滿半年，終於請了假要回臺灣時，那股快樂與感動簡直難以言喻，假期的前一個月就開始每天倒數算著回臺灣的日子，巴不得下一秒就可以馬上回去。明明只過了短暫的半年，卻有種闊別數十年的感

覺。朋友聽了都直笑，問我：「在日本工作壓力是有那麼大喔?!讓你這麼想家。」

真正踏入日本職場才明白，喜歡一個國家、喜歡在一個國家旅遊和生活，卻不見得代表你適合在這個國家工作。

這幾年觀察到做日本工作夢的人大概可以分為兩個類型，一個是透過日劇、日本漫畫、小說等等大眾媒介對日本有初步的認識和喜愛，去過日本旅遊幾次、對日本印象佳，希望能在日本找到一份工作，更加深入了解這個國家。

另一類型是已經有短期的留日經驗，可能是遊學、留學或打工，一個階段的生活即將結束，希望能繼續留在日本發展，開啟另一段日子。

能夠懷抱夢想，積極進取自然是好事。只是，不論是哪種類型的人，如果留日資歷過淺，剛踏入職場必定比別人多幾分辛勞，容易在適應過程中產生許多無形的壓力。

周遭親朋好友至日本旅遊後十之八九都對日本讚譽有加，直稱讚日本人親切、溫柔，店家服務員極有禮貌，生活起來感覺很舒服，巴不得能長住在這個舒適乾淨的國家。有位朋友聽聞我辭掉日本的工作回臺灣就業，甚至驚訝地問：「為什麼要回來?!日本環境不是超舒服、超好的？」

面對他難以置信的神情，我只是苦笑一聲，輕描淡寫地告訴他：「如果你只是旅遊，當個單純的觀光客，日本真的很不錯；但是實際生活在日本，進入他們的職場工作，卻又是另一回事。」

⊙ 對外國人也一視同仁的日本職場

我相信，不論哪個國家，要在當地生活而非單純的旅遊，必然有各種不同的難處與辛勞。只是經歷過留學與打工度假再踏入職場，我才明白，過去我雖然在日本生活了兩年多，卻不曾真正走入他們的社會。不論是留學或甚至打工，對他們而言，我始終是個外來者。

留學和打工時，周遭的人都會意識到你是外國人、你是短期在日本生活的人，不論語言也好、社會適應上的禮數也好，他們都不會用太過嚴苛的標準來檢視，不會過度苛求你的言行。

但是當你一踏入職場，一切都不一樣了。

你不再是外來者，周遭的人不再把你當外國人看待，凡事都傾向用與日本人同等的標準檢視。進入

日本社會，你必須了解這個社會中大大小小的規章，遵守種種不成文的潛規則，例如上下關係分明的社會、把真心話藏在心底的建前文化等等。又好比，説話不能過於直接，即便持反對意見也必須順著大家的話題與立場，偶爾再加以婉轉表達自己的看法。

日本人是個講究「讀空氣」（日文，空気を読む）、善於察言觀色的民族，許多話許多感受他們並不當面點破，而是靠著大家讀空氣、觀察場面氣氛，進而解讀那些沒有直接説出口的想法。就好像用餐時，雖然日本友人嘴上説著好吃好吃，卻很明顯地沒有動某道菜，也許你就該意會到這道菜並不合他的口味。日本是個以和為貴的民族，即便是不喜歡的東西，也不好意思強烈表達不滿，怕傷了和氣。然而臺灣人不一樣，喜歡的就是喜歡，不滿意的就是不滿意，大多直率表達自己的意見，對上日本這樣含蓄、許多事都只能自己去意會而不言傳的民族，便得吃不少苦頭去適應與學習。

在留學、打工度假時，周遭的日本人會意識到你是外國人，而不苛求你學著讀空氣，或是當你直率地表達自己的不滿時，他們也會想到你是外國人；但進入職場後，你則需要學著適應這類潛規則。

再加上臺灣人和日本人同屬黑髮黃皮膚的亞洲人面孔，光看外表難以分辨是日本人或外國人，於是周遭的人很容易在不知不覺間將你當作日本人。

⊙ 被誤認為日本人其實很心酸

在沖繩留學時，我基本的日語溝通沒有問題，在琉球大學日語班上也算是日語程度前段班的學生，但學期過了沒多久後，聽講課的教師便告誡我要好好學習敬語、謙讓語。她説，也許我現在跟日本人講話都沒有什麼大問題，大家也都談笑愉快，那是因為這裡是學校、我面對的是學生；如果將來踏入社會，面對社會人士，卻沒有分好敬語、謙讓語、尊敬語的話，便會留下不好的印象。她説，我們亞洲人看在日本人眼裡，不像歐

> 留學期間與日本學生對談交流並不會被嚴苛要求敬語。

> 苦手的敬語和商業書信格式可透過書本自修。

美人金髮碧眼一看就知道是外國人，日本人難免會用日本人的標準來檢視我們的言語、舉止，敬語沒用好，很容易讓日本人產生反感。

在日本工作的這兩年，我對當年琉球大學日語老師的這番教誨有著深切的感觸。就連日本年輕人也都對敬語感到「苦手」，參加「就職活動」時，也常聽到各企業人事提醒學生們，進入就職活動後必須加強敬語。因此從那時起我就用心加強這一塊，請日本朋友幫我挑幾本淺顯易懂又實用的敬語學習書。畢竟連日本人都要學習，身為外國人，更得多花點心思補強自己不足的部分。

剛踏入職場時，我僅學習日文五年，日文程度沒有到近乎母語般完美，但也算是有中上程度，後來這幾年也一直謹記當年老師的那番話，努力地學習敬語。只是日語詞彙依舊有限，在前線接觸大量的日本人偶爾還是碰上陌生的單詞。曾經有一回客人說了一個釣魚用具的專有名詞，我從來沒聽過，便求助一旁的日本人前輩，前輩雖然耐心地幫我翻譯，在我求助的當下卻仍然短暫地顯露不悅的神情，彷彿無法理解我竟有聽不懂的日文單詞。

工作之餘和同事聊天，他們也常忘記我不是日本人，下意識地問我一些一個並非從小在日本長大的外國人可以回答的問題，例如日本人生病時都吃些什麼、參加婚宴的禮數等等，甚至有同事會問我某個狀況的日文該怎麼說，我都會好笑地說：「應該是我問你們吧！」

也曾因為同事們下意識地把我當日本人看待而有過一個令我哭笑不得的小插曲。

　　某次同事去京都旅遊，買了抹茶點心給大家吃。一位同事一邊吃著一邊對著我說：「抹茶點心真是極品，當日本人真是幸福，你說對不對？」

　　當下我尷尬地一笑，悄聲地回她：「可是……我不是日本人……」

　　其他幾個同事聽到我的回答便哈哈大笑，也有幾位同事恍然大悟地說：「對吼，每天跟你一起工作、講日文太自然，早就忘了你不是日本人。」

　　聽到他們這麼說，我真不知道該哭還是該笑。被當成日本人看待，表示我融入了這個社會，未嘗不是件好事；然而，在職場上被他們以日本人的標準檢視語言能力、應對態度時，背負莫大的壓力，又常在心裡喊苦喊冤。畢竟，學習同一件事情，我得花上比日本人多兩三倍的精力，得付出加倍的心血才能做到和他們一樣好。在這種時刻，我總是很想吶喊：「我不是日本人啊！」

　　只是，當你下定決心踏入日本職場，遵守日本社會的規章與禮數，日語能力被拉到和日本人同等標準都是理所當然，因為你已經屬於這個社會的一分子。也許你在留學或打工度假時，備受日本人稱讚或喜愛，但也必須有心理準備，踏入職場後，等著你的，會是更高的門檻與標準。

⊙ 在職場上日文能力將被高度苛求

　　當你是個旅遊者時，說上幾句日文，也許就令人刮目相看；留學、打工度假期間和日本人對談，他們會頻頻誇你「すごい～、日本語上手」；但進入職場後，那些曾被日本人誇讚的日語能力，卻一下被拉到等同日本人的標準。日語說得正確流利是理所當然，用錯詞句則免不了被譴責。尤其在服務業不只敬語要說好，謙讓語、尊敬語更是得運用自如。

　　譬如說，問人「你在哪裡」，跟朋友談話用常體的「どこにいる？」，如果跟長輩或是不熟識的人講話，要改成敬語的「どこにいます？」，面對客人則得潤飾成「どちらにいらっしゃいます？」

> 和客人應對時難免被高標準要求日語能力。

又比如說，詢問對方住在哪裡，一般可能用「どこに住んでますか？」就算禮貌，面對客人卻得說「どちらにお住まいでいらっしゃいますか？」。講話時常要用上「お」、「ご」這一類的修飾語，簡單的です、ます也要改成「いらっしゃいます」才能展現有禮貌又有氣質的「上品感」。

除了和客人應對時必須說一口和日本人一樣好的漂亮、禮貌的日語，在辦公室內，寫企劃、報告書也讓我吃了不少苦頭。我不曾在日本拿過正式學歷，在臺灣學習日文時，也幾乎沒有用過日語寫一整份報告，正式文書的日語用詞並不上手，簡單的一份報告都得花上比同事多一倍的時間寫，寫完還得先請同事幫我修改一下日文文法和語句，改成正式報告適合的語體。還有商務書信的寫法等等，這些都是留學和打工時不被要求的能力。

過去在日本旅遊當觀光客或是留學打工時，很快樂很享受，身邊的日本人都很親切和氣，但是當你必須融入，成為這個社會的一份子時，則必須付出比一般人更多的努力，因為在職場上，沒有人會因為你是外國人而放寬標準。日語聽說讀寫能力以日本人標準檢視，禮數態度也得學著日本人的樣子，這些都是身為觀光客、留學生、打工者不用承擔的無形壓力，若是不找到自己的一套方式融入日本社會，在異鄉工作的苦楚再加上異文化的適應難免會將你壓得喘不過氣。

⊙ 上下關係分明的日本社會

在日本工作，除了要適應上述談的社會潛規則，還有一點和留學、打工短期生活者最不同、最辛苦的便是「適應上下關係分明的社會。」

正式投入職場前，我以為經歷兩年的留學和兩個月的打工度假，就算沒有百分百了解這個國家，也不至於因文化差異而適應不良。然而，開始在日本就業、生活後，我才驚覺，原來過去我都不曾深入這個社會。

　　尤其是身為新鮮人的第一年，短短一年我就歷經了無數次的文化衝擊，而它們在在都讓我深刻體悟到一點：日本職場是個上下關係分明的縱型社會。

　　譬如在職訓練第一天就被指導員耳提面命，大小雜務事都要積極地做，舉凡搬運物品到櫃檯，或是在辦公室內接電話等等，絕對不能讓前輩操勞這些雜務事。於是，只要有前輩手上捧著大包小包的業務用品，就會看到有晚輩立刻跑上去，急著把前輩手上的東西接過來；辦公室的電話一響，如果讓前輩接到電話，在附近的晚輩便會愧歉地低聲道歉。

　　對我這名留日資歷尚淺的外國人而言，在日本工作最辛苦的就是遵從上下關係分明這個守則。日本講究年功序列，從用語開始就有長幼之分。走進一家店，聽兩位員工談話，不出兩三句便可立知兩人的輩份關係。面對年長、官職在上位者，就算不用敬語，也必定得使用「敬體」的です、ます，喊起名字，就算不加頭銜，好歹也得加個「さん」稱呼先生小姐，像歐美對老師或主管直接叫名字不加稱謂的現象，在日本社會簡直無法想像。

　　而上下分明的職場文化，不只反應在語言和遣詞用字，也反應在態度。日本人對「先輩」有絕對的尊重與服從。好比說，吃飯聚會，前輩沒入座，晚輩一定不敢貿然坐下，在桌子邊排排站，等候前輩就座。在餐桌上，吃飯的禮數也是長幼有別。上菜要讓上司、前輩先用，前輩酒杯空了得幫前輩倒酒、點酒，夾菜、分食這種雜務也是由晚輩來做。也常常聽人說，在日本工作，前輩沒下班，晚輩就不敢先離開辦公室。以上種種情景有些人也許聽了覺得誇張，也不見得每個職場都是如此傳統老派；但不可否認的，日本晚輩的確得時時刻刻顧及前輩的立場。

　　也好比說，前輩給了一些意見，即便些許偏頗或不盡合理，大多

時候晚輩仍舊得虛心受教，不敢當面提出質疑。曾經聽朋友談及，她和前輩共同負責案子，把文案交給上司看時，前輩寫的某一部分報告被上司指出有所紕漏，她不好意思告訴上司其實寫的人不是她，卻也不好意思當面指正前輩的錯，只有收回來自己默默修改。

　　我自己在職場上，也實際碰過循著規章施行業務，客人詢問問題也給予正確答覆，只是客人沒有聽清楚過了一會兒又再回頭來詢問一次，事後便因此被前輩念了一句，質疑我沒有作對才會讓客人又回頭來找店員。我並沒有犯任何錯誤，也沒有做錯任何事情，卻依舊遭受

前輩的責罵。更讓我不習慣地則是，在日本，前輩訓晚輩被視為理所當然，晚輩即便沒有作錯也沒有立場為自己辯白，否則只會落得「生意氣（囂張）」的臭名聲。

在日本人的觀念裡，前輩似乎是個不容質疑與冒犯的存在。雖然也有許多親切、好相處的前輩，公事之外可以輕鬆地聊各種話題，但是在日本的職場，前輩與晚輩之間總是存在著一條明顯的界線，不能輕易跨越以免踰矩。

有朋友會問，日本社會聽起來壓力好大，上下關係分明，進了職場日本人又對我們外國人用日本人的標準看待，該怎麼去適應這些事情呢？

以我自己的經驗，雖然剛進職場時，非常不習慣前輩晚輩分得清楚、晚輩得對前輩畢恭畢敬這樣的文化，再加上我是研究所畢業後才踏入職場，周遭許多前輩實際上都比我小上好幾歲，在學校時他們可能要喊我學姊，但進入職場後，我卻得喊他們前輩，立場顛倒。以前也聽過日本友人碰過類似情形，忍不住抱怨這樣的狀況讓他很鬱悶，要對比自己年幼的人畢恭畢敬這個心結實在很難解。我當時並不是很能理解他的心情，後來自己工作後也碰到一樣的情形，才終於了解那種無形的尷尬。只不過後來自己也

沒有過度意識，心想反正我跟他們念的都是不同大學，年紀或許比我小，但我也不知道他們以前在學校是不是我的學弟學妹，只要記得現在進入了這個職場，他們比我有經驗，有什麼不懂的，虛心向他們學習就行了。

念頭一轉，想得開一些後，自己和這些「年幼的前輩們」工作起來也比較自在。尤其剛進去的第一年，姿態放低一些，什麼都虛心學習、受教，不僅不會引起前輩們的反感，也會讓前輩更願意用心多教導一些，可謂雙贏的局面。

Chapter 02

文化迷思
Q&A

- 日本工作高薪又夢幻 ?!
- 日本物價高 ?!
- 日本人都是工作狂 ?!
- 日本是重視學歷的社會 ?!
- 日本上班族一定要會喝酒 ?!
- 會中文真的有優勢嗎 ?!

> 離開日本前，同事們為我舉辦歡送會。單點式的義式餐廳，每人平均 3000 日圓。在日本工作，一個月至少兩三次同事聚餐，去居酒屋小酌，通常都要 4000 日圓以上。

💬 日本工作高薪又夢幻 ?!

　　絕大多數人一聽到「在日本工作」，第一時間的反應便是：「哇。日本薪水不是臺灣的三倍 ?! 好羨慕喔！」

　　然而，日本工作真的是這麼的「高薪」而夢幻嗎？

　　日本新鮮人起薪平均二十萬日圓上下，折合台幣六至八萬元，大約是臺灣的兩至三倍，因此許多人都會對在日本就業抱有一種憧憬與欽羨。也有不少留學生一聽到這個薪資行情，便開始作日本就職夢。

　　但是，也許你多打聽一些後，會聽到另一種聲音。實際在日本工作過的人可能會告訴你，薪水雖拿臺灣的兩三倍、消費水準也是臺灣的兩三倍。食衣住行的開銷大多遠高於臺灣，在日本搭電車最便宜的票價為 150 日圓上下，折合台幣 45 元，幾乎是台北捷運最貴的票價；公車的票價落差更是大，在

日本一段票大約 200 日圓，折合台幣為 60 元，整整高出臺灣公車票價四倍。餐費的開銷也是不容小覷。午餐定食大約 700 日幣，在東京這類大都市的話，甚至一餐就要掏出 1000 日幣，折合台幣為 200 元至 300 元不等；在臺灣，巷弄裡的便當不到 100 元即有三菜一湯，質感高級一些的餐廳便當也不會超過 150 元。更不要說在日本如果是跟同事上居酒屋聚餐，光是一頓飯就要花上至少 4、5000 日幣這種極高的消費。

因此，在日本領的薪水乍聽遠高於臺灣，但是生活費扣一扣，有時候能存的錢反而還比臺灣來得少。更重要的是，日本所得稅扣得比臺灣重得多。

日本企業徵才都會標註月薪參考值，記得當初我在找公司時，每家開出來的薪水都是 20 萬日幣上下。但是所謂的「月薪 20 萬」並不等於你實際拿到手的金額。「月薪 20 萬」其實是扣稅前的金額，日本扣稅扣得重、名目又多，月薪 20 萬，各個項目的稅、保險費扣抵之下，最後拿到手上的薪水常常只剩下 15 萬上下。因此在日本談到薪水，除了「お給料」這個單字以外，更多人會用「手取り」來詢問朋友每個月實際收進口袋的金額是多少。

當然，在臺灣工作也要繳所得稅，但日本除了國民所得稅、勞健保費，還要繳交國民年金，在日本居住超過一年還得繳地方稅，依各個公司制度不同，可能還有雇用保險費、類似工會的「組合會費」等等大大小小的支出。

下頁提供兩個表格，是我參考我和朋友的薪資明細，以 20 萬為底薪模擬出來的薪水明細。

假設底薪 20 萬再加上加班費，一個月薪水扣稅前 20 萬又 3500 日圓。但每個月還要固定被扣所得稅、勞健保費、員工聘僱保險費、厚生年金保險費，工會會費，工作滿一年後還要被扣地方稅，零零種種的稅扣完後，實際拿到手上的金額已經不到 16 萬日幣。

每個月實拿薪水再拿去繳房租、水電、網路、電話費，所剩大概不到一半。尤其東京房價高，一人小套房月租費大多要六至八萬日圓，幾乎已經是扣稅後薪水的一半。再算上伙食和娛樂休閒上的開銷，能儲蓄的錢真的是少得可憐，也難怪許多在日本工作過的前輩都會提醒作日本就職夢的後輩，如果是看上每個月二十萬日圓的薪資，真的要三思而後行。

日本薪資參考表

扣除名目

（幣值日圓）

項目	金額
本給（底薪）	200,000
時間外労働手当（加班費）	3,500
總計	203,500
所得稅	4,500
地方稅	9,900
健康保險料	9,000
厚生年金保險料	15,000
雇用保險料	1,000
組合会費	6,000
總扣除額	45,400

津貼

項目	金額
本給（底薪）	220,000
出向手当（派赴津貼）	10,000
深夜労働手当（深夜勞動津貼）	3,500
変則勤務手当（輪班津貼）	11,000
土日出勤手当（周末勞動津貼）	3,000
祝日出勤手当（國定假日勞動津貼）	3,000
總計	250,500

⊙ 加班費與津貼才能真的賺到錢

開頭先跟大家提日本高薪的現實面。也許又會有人想問，可是我也聽說過有朋友在日本存到不少錢的啊？真的有 TOMOKO 說的這麼苦、這麼可憐嗎？

在求職期間，我也聽日本朋友提過在大手商社或是媒體業工作每個月收入大約有 30 至 40 萬日圓。實際在日本工作過兩年後我便明白，這些名副其實的「高薪」，每一分毫往往都是血汗錢。

現今臺灣大多數公司將加班訂為「責任制」，超時工作不給付加班費；在日本，大多數的企業則如實發放加班費，且除了加班費以外，可能還會有各式各樣的津貼。我從事的是服務業，上班時間和一般上班族不同，並非朝九晚五也不是固定周休二日；在這方面，每個月除了底薪以外，還多了輪班制津貼、周末及國定假日勞動津貼、深夜勞動津貼等等。

上頁第二個表格便是另一個我模擬的薪資明細範例。假設原本底薪 22 萬，再加上各種津貼後，薪水可以多拿 3 萬，扣除各項稅額及保險費後，好一些的時候實際拿到手上的金額可能會有 20 萬日圓上下。

只是，這些額外加乘的薪水，每一元都是犧牲健康換來的血汗錢。只能算是為公司揮汗賣命的一些小小慰勞罷了。

⊙ 全額補助交通費

撇除手頭實領薪資不高這點殘酷的事實以外，在日本就業有一點大幅度優於臺灣：完善的福利制度。

日本企業的福利制度從值勤相關的補助，再到個人生活、娛樂面，完善而多元。

首先，日本公司不論規模大小，通勤車資全額給付幾乎是必備條件。在臺灣，也許是交通費便宜之故，上下班通勤費用一切自理可謂理所當然，好一些的公司可能會補助部分車馬費。但是在日本只要是正式聘用的員工，公司都會全額負擔通勤車

留學生若要買「通學定期車票」需先向學校索取通學證明書，才能至車站申請、購買。通勤車票則不需特定資料，只要選定好搭乘區間，就可以至車站窗口申請。

定期車票除了較一般車票便宜以外，所指定的購買區間都可以自由乘降。以台北捷運作比喻，若購買板南線忠孝復興到台北車站間一個月份的定期車票，不只可在一個月內無限次來回忠孝復興、台北車站，中間的忠孝新生、善導寺車站也可以自由出入，無須另外付錢。

> 通勤車票（YUKI 提供）

資，每半年就會在月薪之外再額外補上一筆交通費，讓員工能夠去買「通勤定期券」。

如同前面提到，日本交通費幾乎是臺灣的兩三倍以上，這項基本福利著實為上班族省下不少開銷。

其次，規模中等以上的公司多半也會給予住宿補助，或甚至提供宿舍。在日本，交通和住宿堪稱兩大開銷，所幸制度完善的公司都會給予這兩方面的補助；規模大的公司甚至有員工宿舍，讓外地來的員工能以相對便宜的價格解決住宿的問題。舉我自身為例，在東京租小套房一個月約要八萬日圓上下，但公司提供的宿舍讓我得以用近乎三分之一的價格在東京都心外圍定居。也曾聽過有朋友公司宿舍的房租費比留學生的宿舍還便宜，一個月付不到一萬日幣。

除了以上兩個幾乎可說是必備的福利以外，各家公司還會有其他各種獨自的福利。例如服飾品牌的員工可以以員工價購買自家商品、連鎖飯店的員工可以以優惠價入住系列飯店，也有聽過貿易公司每年舉辦員工拍賣會，讓員工用近乎半價的價格購買公司代理品牌的商品等等。求職期間參加電視台說明會時，甚至聽說他們在輕井澤置有員工專用的別墅，專供員工度假使用。

MON	TUE	WED	THU	FRI	SAT	SUN
					4/26	4/27
4/28	4/29 昭和之日	4/30	5/1	5/2	5/3 憲法紀念日	5/4 綠之日
5/5 兒童節	5/6 補假					

⊙ 日本工作假日多

在日本工作還有另一個很大的福利便是休假日多。日本國定假日多於臺灣不少，像是許多臺灣人也耳熟能詳的「黃金周」大約有 5 至 10 多天的假期。

一般黃金周是由「昭和之日」揭開序幕，接著憲法紀念日、綠之日、兒童節連著三天假日。舉 2014 年的月曆為例，正好 4/26 是週六，到 4/29 昭和之日為止中間只有 28 號是正常上班日。又因為 5/4 本身就是周日休假，因此 5/6 再多補了一天假。單看紅字再加上周末周休二日，就至少有七天假期。如果中間再跟公司請假，或是有的公司會直接調整上班日，最多有長達 11 天的假期。

到了夏天還有「お盆休み」暑假，年底則有大約一周左右的春假。另外，還有成人節、兒童節、春分秋分之日、國慶日、體育節、文化節，以及紀念已逝天皇的昭和之日等等大大小小的國定假日，在日曆上通通都是紅字。

這些國定假日再加上周休二日，日本每年平均有 125 天的休假日。比臺灣的平均值 110 天多了 15 天。

除了國定假日與周休以外還有「有休」，給付薪水的年假。由於我的公司算是大型企業，福利制度極為完善，我一進公司，熬過三個月的試用期之後，直接就配給 20 天年假。

記得當初回臺灣跟朋友聚會時，聽到同學抱怨年假少之又少，

> 黃金周等國定假日出遊難免會遇上人山人海的遊客。

甚至有不少人工作未滿一年、年假連一天都沒有,我總是不自覺地縮到角落不敢讓他們知道我工作不滿一年就拿了 20 天的年假。更好的是,一年 20 天年假該年度用不完,還可以繼續累積到下一個年度;不像臺灣許多公司都不能累計,該年度年假用不完就只能自嘆倒楣。

臺灣人常常有種日本人是工作狂、每天都在工作的刻板印象,然而實際一算卻會發現,日本人平均每年休的假,遠比臺灣人多出好幾十天。

總結下來,在日本工作,究竟夢不夢幻呢?

如果你只看到薪水,那麼 TOMOKO 便要提醒,你所看到的金額都只是表象,實際拿到手裡的手取り金額可是砍了一半甚至是三分之二。千萬不要再作著「在日本工作領高薪」的白日夢了!

但是撇除薪水不談,通勤費的給付、住宿的補助,再加上各家公司獨有的員工優惠,臺灣企業幾乎很難找到日本這般完善的福利制度。

談起在日本工作的薪資與福利條件,各有優缺點,提醒各位有意至日本發展的朋友,要仔細分析箇中利與弊,藉此了解是不是真的適合自己。

💬 日本物價高?!

　　上一個章節提到在日本工作薪水是臺灣的三倍，但日本物價也是臺灣的三倍，賺得多開銷也大。相信到過日本旅遊的人都會一致認同，與臺灣相比日本是個物價高的國家。在臺灣抓娃娃一次 10 元，日本一次 100 日圓、等同台幣 30 多塊；在臺灣餐廳吃一碗麵 100 元台幣有找，在日本吃拉麵則大多 1000 日圓上下；在臺灣路邊攤買衣服 3、400 元就有人喊貴，在日本若是能看到 1000 日圓的衣服便可稱為是「激安（げきやす）」的大特價。

　　日本物價大約是臺灣的三倍左右，再加上匯率換算，常常有人說日本的標價直接去一個零就是臺灣的價格。

　　如果是單純觀光旅遊，物價高忍個幾天也就過去了，但若是生活在日本，長久下來難以消受。於是住久了，窮留學生和打拼的上班族漸漸會去尋找一些省錢抗物價高漲的生存之道。

> 東京人氣拉麵店之一的「斑鳩」，一碗要價 750 日圓。

> 左圖：半價的海鮮，兩盒原價 130 元台幣，打完折 65 元。右圖：上富良野產的黑毛和牛肉片，原價 1480 日圓，折價後只要 344 日圓。上等日本牛 230 克不到一百元台幣就可以吃到。

　　好比說，窮學生或精打細算的家庭主婦最愛的百圓商店，從文具用品、食品到瓶罐、鍋碗瓢盆等民生用品，應有盡有，一百日圓均一價，台幣 30 元即可買到，生活用品在這裡採購很多時候甚至比在臺灣買還便宜。

　　日劇中常常上演「超市特價大拍賣」，家庭主婦為了一條半價的魚搶破頭，這樣的畫面完全是戲劇效果，在現實生活中並沒有如此誇張，但大拍賣確實存在。日本超市常常會將快過期的食品特價賤賣，舉凡蔬菜、肉品、海鮮或是罐頭、乾糧等食品皆無例外。原價 5、600 日圓的便當，到了晚上八九點便以低於半價的價格出售；原價將近 2000 日圓的高級和牛，打折後只要 5、600 日圓，甚至比一般肉品還便宜。只要不嫌麻煩，趁著超市特價拍賣添購食材，總是可以用極為便宜的價格挑到許多寶，而且雖然號稱「快過期」，實則距離過期都還有至少兩天，新鮮度或許不如當天剛出爐的食品，但依舊不影響美味亦可吃得安心。在北海道打工度假時，每天下班後逛超市挖寶，看今天能撿到什麼便宜可說是我的一大樂趣。

　　另外，許多遊客來到日本逛街，拿起吊牌一看總是怨嘆為什麼標價不少一個零，但年初年中各有兩次大特價時期，每逢換季亦有清倉

特賣，最便宜時下殺三、四折，原價兩萬日圓的洋裝，折扣後只要 6000 日圓。反觀在臺灣百貨公司設櫃的日系品牌，關稅加乘及匯率折算後，常見販賣價格逼近原價兩倍的慘況，很多時候只要挑對時間，在日本血拼反而能買得更便宜。

對觀光客而言，整體來看，日本也許物價普遍高昂，但是如果懂得搭上各式各樣折扣、特價的時機，再加上「激安」的百寶箱百圓商店，很多物品價格反而比在臺灣更優惠；再加上近幾年來臺灣物價上漲不少，只要知道門路，有時候反倒不覺得日本物價高得喘不過氣。

💬 日本人都是工作狂 ?!

不少臺灣人都對日本人存有一種「他們很愛工作」的刻板印象，日劇中也不乏加班到深夜，為了工作放棄愛情、為了完成手邊的業務不惜拒絕情人或朋友約會的主配角們。

日本人真的有那麼熱愛工作嗎？

實際在日本職場打滾了兩年，再加上過去打工的經驗，我得說，雖然 TOMOKO 沒有真正碰過所謂的「工作狂」，但為了工作犧牲自己的休閒活動，或為了同事間聚會而辭退朋友的邀約倒真是挺常見。

一般而言，日本人將工作放在非常前面的順位。對多數臺灣人而言，下了班或週末假日就是屬於自己的時間，如非逼不得已並不會特別將這些時間分給同事、公事；日本人卻常常有職場外的同事間交流活動。而我也實際聽過跟日本人交往的好朋友抱怨男朋友要和同事吃飯聚餐而無法陪她，或是假日公司有活動而無法約會。

面對這些情形，臺灣人通常會大呼：「都下班、放假了，還要跟公司的人碰面喔？」女朋友也會忍不住發牢騷：「到底是我重要還是公司的事重要？」

日本人重視這些看似「非關工作」的活動和應酬，如同他們熱愛、尊敬自己的工作。尤其男性，往往一踏入職場便以事業為中心。

我從事的是服務業，在第一線工作的員工不像宣傳、行銷營業或總務行政常常需要擬企劃、寫報告，庶務類的工作量並不多，鮮少有同事忙到需要將工作帶回家處理，卻仍舊會看到同事明明兩三個小時以前就已打卡下班，還留在辦公室處理後續業務。

看著他們那為公司奉獻、鞠躬盡瘁的身影，不禁感佩這真是一個熱愛工作的民族。只是，身在這樣的職場久了，我也開始明白，與其說他們「喜愛」工作，不如說是對

工作的認真，這些全都是出自於他們對自己這份工作的尊敬與驕傲。

對日本人而言，領了公司的薪水，為公司鞠躬盡瘁是理所當然。假日、下班之餘還得應酬、交際工作，他們不見得是樂意的，卻多半認同這是身為「社會人」的必要犧牲。

這是一個敬業的民族，在工作上他們也許不要求 100 分的成績，卻總是要求 120 分的努力與認真，即便再簡單的業務，他們也講究百分百的精準與用心。

⊙ ON&OFF 的工作哲學

如果看了上述的描寫，你依舊認為日本人是工作狂的話，請容我再提出一個反例。

初進公司時，前輩、指導員、組長……所有人都會提起一個觀念：「ON と OFF の切り替え」。每回和組長面談時，組長都會關心我們在 ON 與 OFF 之間有沒有適當地轉換，工作與休閒之間是否有取得良好的平衡。

而身處這家公司，每每聽聞同事們分享工作之外的生活，總是忍不住驚嘆：誰說日本人是工作狂？這群日本人比我在臺灣的朋友還要享受生活耶！

> 2012 年 7 月和同事們一同來個兩天一夜沖繩小旅行。

> 2012 年我利用「暑假」來趟北海道道東之旅，走訪釧路、知床、網走。

　　首先，每周兩天的公休假，不只可以去東京近郊踏青，跑到日本各地來個兩天一夜的小旅行也是常見的。前後再多請一天假，甚至可以去夏威夷小渡假。

　　再者，身處 24 小時營業全年無休的職場，別人黃金周、正月過節放假時，我們仍舊照常出勤，那些整年中該休卻沒休到的假，公司便讓我們另行安排假期。一年分別有兩次，各有 8

天左右，我們稱之為「夏休」、「冬休」。寒暑假一次連著請完再搭配幾天年假，甚至可以排出號稱史上最強的假期：整整 20 天的連假。這些輪班制下產生的寒暑假，自然是出國旅遊的大好機會。

有些人聽聞我分享日本的福利，其中入社第一年就拿滿 20 天年假，再加上上述「拜輪班制所賜」而誕生的長假，對於假期如此的多不免羨慕，卻也會質疑日本職場如此重視倫理與紀律，這些假真的放得到嗎？到頭來該不會只是空有年假天數之名，卻請不到假之實吧？

這點再次讓我確信，我真的選對了公司。別的公司或許真的有不好請假的困擾，但在我的職場完全沒有這個問題。我們甚至是「最容易請年假的公司」排行榜上的常客。尤其是寒暑假等於是公司欠我們的假，排班人員老早就會備好大半年度的行事曆，讓大家各自登錄所欲申請的日期，要是半個年度都快過完還不見你登記的話，排班人員甚至會主動關切，詢問你是否決定好日期休假。

這樣的制度與職場風氣，讓員工有高度自由安排自己的假期，鼓勵了員工充實工作外的生活。

也許我的職場屬於特例，但是看著身邊同事們各個充分享受下班的時光，在 ON 與 OFF 之間取得良好的平衡，不僅讚嘆，日本人真的不是所有人都是工作狂，在臺灣我可找不到幾個上班族朋友像我的同事這般享受人生呢！

日本是重視學歷的社會 ?!

在日求職、就職的這幾年，我發現日本是個很熱衷於「社團活動」的民族。

求職過程中，除了學歷以外，社團活動經歷往往是一大加分亮點，尤其是「体会系」等體育類的社團活動。

臺灣家長對於體育活動多半抱持著，「除非你將來想當國手、職業選手，否則還是多花點心思在課業上」的想法。實際找工作時，大學四年參與校隊的經歷也不會為履歷加分。然而日本卻不一樣。

> *熱愛運動的同事們自組「足球社團」，工作之餘招募大夥兒踢球揮汗。*

就職活動期間，參加各個業界、大小公司的說明會，那些代表公司來主辦徵才活動的前輩們，十個有八九個大學時代都參與過「体会系」的社團活動。後來跟我同期入社的同事中，也有超過三分之一以上的人出身體育類社團。

日本企業徵才，一個中規中矩、成績前段班的學生，和一個成績普通（或甚至中下）但致力於體育類社團活動的學生，往往是後者較受青睞。這是一個相當耐人尋味的現象。

出社會進公司後，公司內部也會有體育類社團活動，足球、籃球、棒球、劍道等等，有些公司甚至還會在假日舉辦對抗大賽，規模大一些的公司還會集結各地分公司的隊伍舉行運動大會。

這些聽在臺灣人耳中可能有些難以理解，下班或休假巴不得把公司的事忘得一乾二淨，日本人卻花時間參加社團活動，那認真而熱衷的態度簡直像大學時代參加校隊一般。然而追根究柢，這些對體育活動的愛好並非單純源自於對運動的狂熱，公司建立社團、舉辦對抗活動，更多是為了營造向心力，鍛鍊體力的同時也讓員工們培養團隊精神。

這也正是求職過程中「体会系」學生比較吃香的原因之一。

日本是個注重群體，講究團隊精神的國家，因此企業會格外看重那些學生時代就經歷過群體活動，懂得如何與隊友並肩作戰，爭取團體榮耀的學生。

亞洲國家普遍都很重視學歷，那些名校出身的人總是有一種難以抹滅的光環；日本自然也不例外。若問起畢業學校，一說出「東京大學」、「早稻田大學」、「慶應大學」等頂尖名校，在場的所有人便會忍不住肅然起敬。

有趣的是，在這樣一個重視學歷的社會中，卻依然有一大部分的人不是在學歷主義下長大。

在臺灣，對大多數的家長而言，升學可說是唯一的選擇。國中唸完就要考高中，高中畢業後就準備上大學。但在日本，高中畢業前校方會舉辦「進路相談」，詢問學生未來打算升學還是就業。日本也有許多類同臺灣高職學校的「專門學校」，如果將來有意進入某個特定產業，那麼與其在一般體制下升學，不如直接進入專科學校，磨練技能。

對某些日本人而言，升學不是唯一的路，學歷也不是最重要的。尤其在應徵工作時，企業真正感興趣的都是學業成績之外的課外表現。

💬 日本上班族一定要會喝酒 ?!

臺灣沒有日本這般飲酒文化。從下班後晚餐一碗拉麵配一杯啤酒，朋友相聚一定要搭配「飲み放題」喝到飽，不醉不歸。對日本人來說，餐桌上的啤酒就好比我們的茉莉花茶、烏龍茶。

臺灣人多半是年節聚餐、家族聚會或有特別慶祝名目時才會小酌幾杯，但日本人餐桌上不論何時幾乎少不了啤酒。

2007 年到沖繩留學，我首次接觸日本的飲酒文化，一年多下來，也漸漸了解餐桌上那杯酒訴說了多少意義。

下班後，即便一個人也要點上一杯啤酒，那是給辛苦了一天的自己的犒賞。日本人總

說，工作一天後的啤酒最美味、最好喝。啤酒可說是他們的舒壓良藥。

餐會上的啤酒就不同了，藉由那一杯，和平常在職場上沒機會接觸的同事有了接點；酒精助興又壯膽，平日沒有勇氣攀談的上司、前輩，也忽然親近起來。一杯啤酒下肚，沖淡了白天職場上的矜持與壓力，同事之間的距離瞬間拉近不少。

在臺灣，聚餐喝酒，酒往往成了焦點。要是一個人靜靜地喝酒，便會被旁人出聲指責，得靠著和他

菜鳥嘛係狼～

透過漫畫看職場

1. 今晚聚餐可不可以不去呀？我想早點回家休息…

2. 看你要休息，還是 **要前途** 囉～ 什麼？！

3. 可是我不喝酒，去聚餐少說也要花掉四、五千日幣，我對喝酒沒興趣，何必花錢找罪受呢？

4. 喝酒不是重點，你吃得開不開心也不重要，重要的是你不去聚餐會被認為是不好相處，以後誰幫你？

by Darcy
2015.4.6.

> 平常很「《一厶」的日本人，一喝酒都會卸下心防。
參加同事的婚宴 *AFTER PARTY*，同事們開心地吆喝飲酒的光景。

人敬酒來飲酌，我敬你一杯你敬她一杯。但在日本，朋友相聚飲酒，唯有第一杯要一起喝，非得等到所有人的酒都到齊、酒杯填滿，才喊聲乾杯，齊聲宣告聚會的開始，在那之後各喝各的。是不是一個人喝酒、有沒有人敬，都不重要，重要的是酒精催化下扯開的話匣子。許許多多的話題、生意，都是在杯酒之間商談出來的。我有位日本朋友在商社工作，酒量雖差公司邀約飲み会，不論公私他總是想盡辦法參加。我曾納悶地問他，你並不會喝酒、也不喜歡喝酒，為什麼總是要去？

他只簡略地回答我：「不去的話，很容易被討厭。」

沒有在日本生活過的人，或許很難理解這樣的想法。然而對許多上班族來說，下班後和上司喝杯小酒，管他是應酬還是無關公事的單純聚會，想拉近距離，這絕對是絕佳的機會。

> 北海道打工度假期間，下班後常和 JR 店員聚餐、小酌。中間是我和 *Sophia*，旁邊四位是下班後和我們一起吃飯喝酒聊天的 *JR* 站員們。

這樣的飲酒文化，不免讓人有種「不會喝酒就甭想在日本職場混」的想法。而不可否認的，面對矜持保守的日本人，酒精無疑是最好的催化劑。因此每當有朋友好奇地問我，在日本工作一定要會喝酒嗎？我總是告訴他們，不會喝酒不會讓你應徵不上工作，也不會害你丟了飯碗，但會喝、能喝絕對不會吃虧。

⊙ 二次会才是揭露真面目的時機

日本飲酒文化讓我最感到有趣的，是「二次会」。

在居酒屋填飽肚子、喝了幾杯酒後，日本人總會嫌不夠，還得再去第二家店續攤。北海道夢幻打工期間，第一攤餐會結束後，往往會分成兩派人馬：年長的、資歷高的前輩上司們喊了散會後就各自離去，剩下年輕的員工們就另組一團辦二次會。後來到東大留學時，研究室的聚會亦是如此，等教授走了之後再另覓地方來個二次會。

因此很多時候二次會才是真正的「本番」重頭戲，少了對長輩與上司的顧忌和拘謹，剩下年齡、輩分相仿的同事同學們，氣氛更輕鬆，許多話題也就能更肆無忌憚地暢談。所以每回聚餐，我總是期待著續攤，興奮地問著今天二次會要去哪兒辦？

二次會的形式很多變，不一定是居酒屋，有時是スナック小酒店，大夥兒可以坐下來好好聊天，有時是卡拉 OK 一邊喝酒一邊大聲高歌宣

洩。到了續攤時，大家通常都已經喝得微醺，再加上輕鬆的氣氛推波助瀾，許多平日職場上不好意思談的話題都可以被輕鬆提起。好比說喜歡的男孩女孩是哪種類型、喜歡的藝人偶像、過去的戀愛史或者職場上最頭痛的對象等等，原先不熟的人，常常透過一兩次飲み会、二次会就會馬上拉近距離。

北海道打工期間，我和 JR 站員們起先也只有幫客人問問題時才會有所交談，午餐時間同桌吃飯也只是禮貌性地點點頭笑一笑，偶爾客套地問昨天晚上有沒有睡好、前天放假去哪兒玩等等不著邊際的話題。但一起去喝過幾杯酒、唱過幾回卡拉 OK 後，休息時間總會閒聊兩句，工作之餘也會笑談他剪了頭髮、妳今天頭髮綁得很可愛等等閒話家常，甚至開始互開玩笑。

和同事們拉近了距離、相處愉快，工作便增添了另一種樂趣。到後來打工度假快結束時，幾位站員都笑說不想讓我走了，要我明年也一定要再來當翻譯員，其中一位站員還告訴我，這幾年來這麼多翻譯員之中，就屬我們這年跟他們感情最好。或許是客套話，但聽起來極為窩心，也讓我深深感受到，**「要和日本人交朋友，要從喝酒開始」**這句話的真諦。

💬 會中文真的有優勢嗎 ?!

相信不少臺灣人在日本找工作時，都會認為語言能力是自己的優勢。就算沒有學習第三、第四外語，至少也會中英日三國語言，和一般日本學生一比，的確是亮眼不少。

每回參加說明會或面試碰到日本就活生，當他們知道我來自臺灣會說中文、英文、日文三國語言時，也總是忍不住讚嘆：「太強了吧！你『一定』可以找到工作！」

然而，實際參加就職活動後，我便明白，語言能力並非絕對的優勢。首先，很多日本人也說一口好英語；臺灣人對日本人有一大刻板印象：英文很差。自己這幾年來在日本生活，在學校認識的日本同學、

觀光旅遊途中碰到的日本人、百貨公司裡的專櫃人員等等，確實，常有一碰到說英文的老外就跑得老遠的人，也有很努力卻擠不出幾個英文單字的人；同時卻也碰過不少說得一口流利英文的日本人，尤其是大學生說起英文或許有些腔調，但大多數英文程度並不輸給臺灣學生，或甚至比臺灣學生會得更多。

此外，日本大學也很積極推動第二外語課程，不少日本人也有學第二外語，會說中文的大有人在。當然，他們中文絕對沒有我們好，但是也不要忘了，他們日文絕對比你強。在日本找工作，外語能力只是附加的，最根本的日語終究還是最重要的。

再加上，很多企業其實都認為語言能力不是這麼重要，即便是時常要與外國客戶聯繫、商談的貿易公司，也不見得會嚴格要求英語能力，畢竟進入公司後，工作上與外國客戶接觸久，你自然就會說了。在說明會上，常聽許多前輩們分享他們進公司前英文很菜，都是在實務上磨練過來的。

所以，日本許多企業其實沒有我們想像中那麼看重語言能力。

再者，即便語言能力是留學生的優勢，也要記得在日本找工作的留學生不是只有你一個人。近幾年選擇留在日本工作的留學生越來越多，中國人、韓國人、歐美人士，很多留學生甚至會四、五國語言。這種情況下，你還認為你的語言能力是優勢嗎？

實際跟多家公司的人事接觸、面試，發現他們都預先假設留學生等於有語言能力。他們先入為主認為留學生普遍英文好，加上會說自己母國語，至少會兩個外語。我就曾經在某公司面試中，最後被反問有沒有其他想要補充 PR 的點時，回答我的強項是語言能力。話一出口，面試官給了我一個「嗄？沒有其他強項嗎？」的表情。對他們而言，留學生語言能力強，天經地義，幾乎可說是必備條件。

⊙ 外國學歷，加分還是減分？

在日本找工作，除了明白語言能力並非優勢以外，也發現臺灣普遍對外國學歷有種難以言喻的崇拜，但在日本，即使是世界頂尖的哈佛、牛津也不見得勝過日本國內的文憑。

第一次開始思考日本人在學歷上到底有沒有如臺灣一般的「崇洋」，是在東大修習國際關係課程時老師藉由一則新聞引出議題時。2009 年，哈佛大學大學部入學新生中僅僅有一位日本人，日本新聞紛紛探討起日本人不向外發展的現象。授課老師藉由這則新聞拋出一個問題：世界頂尖的哈佛大學，為什麼只有一位日本人新生？是因為日本學生的能

> *日本最高學府東京大學的校園。*

力不足,還是哈佛大學的文憑對日本學生沒有吸引力?

課堂上日本學生們踴躍發表各自的意見,他們的想法更是令我震驚。

十多人的小型課堂,發表意見的學生有四位,他們一致認為不是哈佛大學太難考、日本學生考不上,而是拿了國外頂尖大學的文憑也不見得比日本國內知名大學畢業生優秀。

姑且不談論日本大學生這樣的想法是否妥當,但這確實反應了某部分日本人對海外學歷認可度的薄弱。即便是哈佛、牛津都入不了他們的眼,更別說臺灣的各大學府了。對有強烈民族優越感的日本人而言,日本名校的學歷才是最閃亮的,如果你是在日本留學拿學位的話倒是沒有學歷認知度的煩惱,但若是和我一樣以交換學生身分找工作,僅有海外學歷在起跑點上就先矮了別人一截。

因此,想在日本找工作的你,也許該認真想想,除了「語言能力」以外,你還有什麼能吸引企業的優勢呢?

Chapter
03

就職活動
是長期抗戰！

。日本特有的求職文化

。求職過程完整公開！

。內定文化

。赴日準備 START！

。日本企業的用心從求職開始

💬 日本特有的求職文化

⊙ 就職活動特色

日本求職文化和臺灣大不相同，即便放到全世界來看也極為獨特。想要在日本找工作，第一步得先從認識日本求職文化開始。

以下簡單列舉幾項特色。

◆ 新卒 V.S. 中途採用

首先，日本企業徵才分新卒和中途採用兩種。

所謂的新卒，指的是應屆畢業生。在現今景氣不好的大環境下，大學生錯過了新卒採用這段黃金期，要再找到一份工作，可說是難上加難。

在臺灣，不少大學生畢業後選擇先出國遊學數個月或是報名打工度假，再回頭來找工作。這聽在日本學生耳中，不僅是羨慕更是感到不可思議。如果他們畢業後出外闖蕩一陣子再回來慢慢找工作，等著他們的必然是失業。

◆ 最慢大三就要開始找工作

臺灣大學新鮮人，十之八九畢業後才開始丟履歷；在日本，找工作的起跑點非常早，最慢大三就得開始 JOB HUNTING。

是的。你沒有看錯。「最慢」大三開始。

大三生一面參加就業博覽會，一面瀏覽各大人

> 日在日本找工作要買很多「參考書」。

力網站蒐集資料，了解各業界的特性，尋找符合自己的領域。有了大致的方向，便接著參加各家企業的徵才說明會，進一步了解自己有興趣的公司。升上大四之際，各家企業便開始收履歷，大多數的公司皆於四月一日統一展開一系列的考試、面試等篩選活動。求職順利的學生，大約大四開學沒多久，四五月便可獲得幾家公司的內定。

◆ *日本新卒應徵的時程都是固定的*

在臺灣，想應徵工作有興趣的公司不見得有職缺，JOB HUNTING 並無固定的時程。但在日本，新卒招聘每年都是固定的。

選考流程與時間表

3月中旬	4月1日起	4月上旬～中旬	隔年4月
履歷報名	筆試	面試（4-5次）	內定　　　入社

各家企業多半於大三下學期十月開始舉辦公司說明會，在大大小小的就業博覽會中出展。大四上學期一開學，四月一日起一齊開始書面審查和面試。

四月是大型企業的聘用潮，五月則由中小企業接力，六、七月開始部分企業會視缺額開放二次採用。這一批新卒採用會釋出大量的名額，抓準這波應徵潮，找工作的機會要多少有多少。（當然，能否應徵上又是另一回事了。）

換言之，錯過這批應徵潮，要找份工作可說是難上加難。這也正是為何日本人無法像臺灣學生一般，畢業後還可出外遊歷闖蕩一番再回頭來找工作的原因。

現今在臺灣，大學畢業就等於失業的時代，徵新人的企業少，即便有在徵才名額也少之又少。反觀日本，就算是「就職難」的時代，大多數的大、中小型企業依舊大批招募新人，原因就在於日本長久以來都是於四月一日固定招集一批新人，而過去幾十年來日本年功序列的社會讓絕大多數人都是進了一家公司就會工作到老，因此每年亦會有同等數量的員工定年退休。經濟不景氣，部分企業為了守住盈虧，或許會減收員工，但為了維持公司長期的營運，時機再壞依舊得招聘新人進來填補。

◆ **連說明會都要搶入場票**

在四月企業開始正式徵才前，除了出展就業博覽會，也會自行舉辦說明會，用各種方式讓學生了解自己的公司。熱門的大企業，光是想擠進一場說明會都不容易。有的採先報名先贏，數分鐘之內名額一搶而空；有的用隨機抽選，有時甚至還要求填寫報名表，設幾個簡單的問題，依作答內容好壞篩選。

◆ **各家企業都有重重關卡**

有時候覺得日本就活像一場爭奪戰，從說明會開始便得和別人競爭，正式招募開始後，又有重重關卡等著，像打破關遊戲得過關斬將。在臺灣應徵，大部分的公司收了履歷後，可能只面試一次，最多兩次。但在日本，要打到大魔王，有好幾層關卡擋在前頭。

首先，除了投履歷以外，還有筆試考試。就像大學聯考一樣，所有就活生齊聚一堂考試，也有些公司採用考試中心的題目，學生只需到考試中心的各個據點在電腦上答題，不用到各家公司應試。

考的是什麼呢？考你有多了解這個產業或公司嗎？不。

有些公司會獨創加一些社會、時事的題目，但大致上就是高中程度的數理、國文、英文考題。

　　英文考題多半是句型文法，國文即是日文句型與文法，數學理化的題目則有紅球白球的機率問題，以及兩杯鹽水加在一起後濃度變成多少的濃度問題等等。出題範圍都是高中程度，但對我這種外國人尤其是文組畢業的學生而言，這些數理題目簡直是勾起了高中的噩夢，國文科目又不如日本人，筆試成績總是很不理想。

　　履歷表和筆試等書面審查通過後便進入面試。面試次數視公司大小和應徵人數多寡而不定，最少也有兩到三次。面試又分團體面試和個人面試兩種。曾參加過某日本電視台的面試，第一次面試為六人一組的團體面試，進去面試前就先被告知一個人只要回答兩個問題，各限時 15 秒和 30 秒。面試者的流動率簡直和翻書一樣快。越是熱門的企業，前半段的面試每個人可被分配到的時間就越少，得把握短短的數十秒做出讓面試官印象深刻的表現。

　　還有一種團體面試是小組討論的形式。五至十人一組，針對分發的主題進行討論，譬如有一次我碰上的主題是「網路對現今生活的影響」，小組就要在三十分鐘內集思廣益，討論各個層面，最後預留數分鐘進行統整。面試官全場在旁觀看整場討論，不會作出任何評論或干涉。小組討論結束後，再由一位代表將討論結果彙報給面試官。

　　透過小組討論，可以觀察每個人在群體中扮演的角色，以及和其他人的協調性。

　　個人面試則和臺灣一般面試別無二樣，只是通常越到後面，面試官的官職越大；大公司可能是人事部部長，小公司可能是總經理或社長、副社長親自面試。

◆ 就活是長期抗戰

　　在臺灣找工作過程短，投履歷、面試到確定聘用，快者前後可能不到一個禮拜。在日本，就活是一種長期抗戰。

　　正式投履歷應徵前，要作「企業研究」，動輒數個月，長一些的從大二就開始準備的也大有人在。準備期長，實際開始應考、投履歷再到面試，也因

> 日本大型就業博覽會的盛況。清一色穿著黑色套裝的學生們大排長龍等著入場。

為關卡重重，戰線通常都得拉到一兩個禮拜以上。每過一關，雖然都很開心，卻也不能鬆懈，因為後頭還有好幾關要過，一個個關卡都闖完了，才能真正取得這份工作。因此在日本找工作，得隨時維持著熱忱與毅力、撐到最後。

⊙ 在日本找工作的管道、途徑

有意在日本工作卻不知如何起步，有兩個最簡易的管道：參加就業博覽會，以及瀏覽各大人力銀行網站。

大約從暑假起便可以接受到大小就業博覽會舉辦的資訊，有廣集各方業界的綜合型博覽會，也有針對特定業界的專門型博覽會。對於尚未鎖定產業的起步者，大型綜合博覽會是認識產業和日本求職文化的最佳開始。

綜合型博覽會的好處就是可以一次瀏覽多種業界，尤其大型博覽會的參展企業動輒上百家，知名的大企業不用說，就連你沒聽過的、不熟悉的中小企業都會出展，就跟初入大學時參加社團聯展一樣，隨意逛逛各個攤位，了解各家企業的特色，也許你會從中找到意想之外的驚喜。

除了參加博覽會，人力網站是另一個重要資源。

日本有幾個就活生必用的網站，像是リクナビ、マイナビ、ダイヤモンド就活ナビ、樂天的みんなの就職活動日記等等。這些網站除了和臺灣的人力網站一樣提供企業徵才的資訊以外，也會不定時舉辦就業博覽會，登錄會員才能即時收到開催資訊，也只有會員才能報名取得博覽會入場資格。更重要的是，這些網站還會請各企業人事現身說法，提供求職、面試、寫履歷書的小撇步，可說是讓我這種外國人了解日本求職文化的捷徑。

近年來在日本求職的外國留學生倍增，也開始出現一些專為留學生開設的專區，讓對日本求職文化陌生的留學生不再不得其門而入。

有些網站甚至設有討論區，就

★★★
就活好用網站推薦

リクナビ：www.rikunabi.com
→堪稱就職情報界龍頭。透過邀請企業人事現身說法的企劃，可以窺知人事的想法與雇用者的考量。有為留學生設專區。

マイナビ：job.mynavi.jp/
→與リクナビ並列兩大就職情報網。多半邀請各企業前輩分享經驗。亦有設置留學生專區。

日經就職 NAVI：job.nikkei.co.jp/
→為日本經濟新聞經營的網站，倚靠媒體資源，力求即時且大量提供與就業相關的新聞資訊。

あさがくナビ：www.gakujo.ne.jp/
→主打中小企業

みんなの就職活動日記：www.nikki.ne.jp/
→可以查閱過去參加就職的前輩們的經驗傳授，以及同時在就活的人的第一手資料。

活生可以在上面交流資訊。例如樂天的就活日記討論區，總是可以看到就活生分享各企業徵才的第一手資料，即時得知應徵企業是否開始新一階段的面試，或者是否已經電話通知通過面試者，無須空等企業的電話通知乾著急。另外也可從往年的討論推估各家企業的面試時程與概要，亦有取得內定者的經驗談可參考。

各類型的人力網站，是我求職期間的最佳指導，無疑是初心者起步的最佳途徑。

⊙ 開始就活前，你一定要準備的「給西」

開始就活前，勢必要花上一筆「置裝費」。日本是個很講究外表與穿著的民族，找工作自然也有一套「Dress Code」，從頭到腳都得仔細張羅。想當初我為了在日本求職，一到東京馬上留

⑤ 膚色絲襪（女）、黑色襪子（男）

④ 黑色皮鞋

③ 黑色公事包

② 白色襯衫（素面為佳）

① リクルートスーツ——西裝、套裝

意各大西裝連鎖門市，正巧遇上洋服的青山在銀座開新店面，推出全店商品半價大優惠，起了一大早在雨中排隊將近一個小時，套裝、襯衫、皮鞋、包包，一次買齊。四樣商品原價六萬多日圓，最後以將近四萬日圓購得。套裝是門面，可説是打造第一印象最重要的一層，因此不貪小便宜，我千挑萬選下選了一套剪裁較好的套裝，光是套裝就花了兩萬多日圓。

★★★
貼心小建議

① 包包選擇可直立的，面試時放在腳邊不會塌陷失去美觀，起身離場時也可以俐落地提起就走。

② 女生鞋子要挑選稍微尖頭但頂端略平，才能彰顯知性。類似巫婆鞋的尖頭鞋太過時尚，圓頭鞋又稍嫌小孩子氣。男生鞋子盡量選素面沒有花紋的皮鞋，並且選擇綁繩式而非黏貼式，較顯專業感。

③ 襪子男生建議黑色或深藍色的素色襪。女生則要穿透膚的膚色絲襪；冬天天冷如果要著裙裝最好也忍耐穿薄絲襪，有丹寧數的厚絲襪穿起來美觀度較差。

④ 就活包裡面建議可放小型針線包，臨時襯衫或外套釦子鬆動脫落才能及時縫補；女生建議備一套絲襪，薄絲襪容易脫線影響美觀，隨身攜帶備用絲襪以便脫線時替換。

> 男女就活服裝範例。男女套裝選擇質感稍好的原價至少都要三四萬日圓。

> 男女就活鞋子範例。

走在日本街頭，就活生非常好辨認，黑色的西裝套裝、黑色的包包，十之八九是正在找工作的應屆生。其實企業並沒有規定一定要穿「黑色」，應徵金融業或是媒體業也有不少學生會挑選灰色系或深藍色的套裝。但多數還是建議選擇「無難」的標準色黑色。女生裙裝、褲裝皆可，裙裝為標準裝扮，褲裝則給人幹練的印象。如果應徵業務、商社、記者等等較需要四處活動的工作，亦有人會以褲裝顯現自己的活動力。

⊙ 開始就活前，你一定要做的兩件事

正式開始就職活動前，一定要作兩件事：「自我分析」和「企業研究」。

日本人都會說，找工作時自我分析和企業研究作得越徹底，越容易成功。這兩個概念，對多數外國人而言較難理解。

企業研究如同字面之意，就是收集業界資訊，充分了解各個產業，進一步確認適合自己的是哪些領域。詳細來說，除了認識產業規模以外，也務必要比較業界內各企業的差別，接著再認識不同的部門、職種；你是喜歡作研究開發、還是喜歡商品企劃、行銷？由大到小、由淺至深的認識產業、企業。

至於自我分析該怎麼做，相信是許多學生的疑問，不要說外國人留學生，就連日本人都要摸索。自我分析的重點在於「認識自己、了解自己」。你的長處是什麼、短處又是什麼？五年、十年的職涯目標為何？還有最重要的，自我分析的終極目標無非是要找出自己的價值觀一面對各種事物、從小到大的各個成長階段，你最注重、貫徹始終的理念、核心概念是什麼？同時，你期許自己未來成為什麼、貢獻什麼？

這所謂的價值觀其實就是日本就活生常會提到的「軸」（じく）。舉我自己為例，求職過程中，我雖然嘗試過許多業界，投考了貿易公司、運輸業、製造商、媒體，看似雜亂無章，但實際上自始至終我都保有我的「軸」：以一個外國人的身分，發揮自己的國際觀與語言能力，做日本和台灣與其他國家的橋樑。有了這個核心價值，不論到哪個關卡、應徵哪家公司，面試官問我的每一個問題，我都能應對地井然有序，不會顯得漫無目標，更不至於迷失方向。

要著手自我分析有幾個方向。首先，我個人是先從分析過去的自己下手，拿出一張紙，把從小到大做過的事、參加的活動列出來，然後再一一探究當初為什麼會參加這些活動，從中找出關聯性，發現自己的興趣與所長。

【簡易範例】分析過去的自己

哪個時期	活動內容	應徵動機
高中	校刊社	喜歡撰寫文章
大學	聯合報校園特約記者	喜歡接觸不同的人事物、挖掘故事
研究所	國際事務處禮賓學生	充分發揮自己的語言能力
研究所	北海道夢幻打工	運用所長幫助他人、分享自己的見聞

共通點：我喜歡接觸人、透過文字分享見聞，也喜歡能夠發揮所長的工作。
適合方向：能夠發揮語言長才、向國際發聲的工作

　　藉由分析過去了解自己的興趣和專長，接著可以再多方面的探討。徵才面試有許多「黃金考題」，這些黃金考題其實都是自我分析時最好用的教材。

十大黃金考題

1. 你的長處是什麼？
2. 你的短處是什麼？
3. 請簡易描述自己的個性。
4. 學生時代最努力、投注最多心力的是什麼？
5. 你的興趣是什麼？
6. 你的專長是什麼？
7. 為什麼會來日本留學？
8. 為什麼想在日本工作
9. 你想做什麼樣的工作、職種？
10. 你希望十年後的自己會是什麼樣子？

　　透過這些黃金考題，你可以仔細地挖掘自己，面對每一個問題不只要回答「WHAT」，更重要的是「WHY」。大學為什麼念這門科系、學生時代為什麼參加了那個活動，為什麼對這個業界有興趣。在日本求職時，我發現企業非常喜歡問「為什麼」，因為他們想要從問題的背後了解你的動機。參加社團，你有沒有自己的想法，還是只是純粹好玩、打發時間？

自我分析其實是個將自己追根究柢的工程，如果你用心去做，在分析的過程中也許會認識到過去不曾發掘的自己，找到真正屬於自己的路。

求職過程完整公開！

在日本求職是一場長期抗戰，我從十月抵達東京便投入就職活動，一直到六月上旬才取得內定，耗費了九個月才結束這段 JOB HUNTING 的日子。

在日本找工作，前置準備期很漫長卻非常重要，尤其像我這種並非從小在日本長大、留日資歷淺對日本就職活動瞭解不夠多的外國人，更是得花加倍的時間充分了解日本求職文化。在正式去東京大學交換留學前，我就在日本友人的建議下，養成瀏覽日本人力網站的習慣，逐步認識日本的就職活動。因此，嚴格算起，我的就職活動並不止九個月。

漫長的就職活動大約可以分四個時期：

1. 準備期：學習求職時應具備的用字遣詞、禮儀，並蒐集各企業的資訊，了解各個產業的特色，進而找出自己有興趣的業界。
2. 了解期：隨著十月新學期開始，各大人力網站或是徵才單位也會開始舉辦企業博覽會，邀請各家企業出展。就活生可以透過這種綜合型的大博覽會多看多聽，摸索適合自己、能有所發揮的業界。

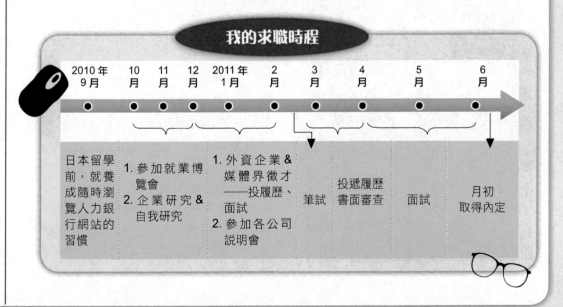

我的求職時程

2010年9月	10月	11月	12月	2011年1月	2月	3月	4月	5月	6月
日本留學前，就養成隨時瀏覽人力銀行網站的習慣	1. 參加就業博覽會 2. 企業研究&自我研究		1. 外資企業&媒體界徵才——投履歷、面試 2. 參加各公司說明會			筆試	投遞履歷書面審查	面試	月初取得內定

3. 目標明確期：參加了幾個月的博覽會後，便要開始找到自己的方向，挑選有興趣、合適的業界，縮小範圍，針對那些業界進行更深入的研究，甚至直接參與各家企業自行舉辦的説明會。

4. 實際應徵期：經歷了短則數個月，長則一年多的前置準備、業界研究期，確立了目標後，才進入投遞履歷、參加筆試面試的應徵期。

上頁的表格是我個人的就活歷程表。

2011年遭逢311東日本大地震，企業徵才活動也受到影響，往年都是四月便開始招收履歷、辦理面試，那一年則是時程往後推延，大企業多半延到五六月才開始徵選活動，也因此我的就活時程也較往年就活生來得長一些。

不過因為我幸運地搭上第一批內定潮，相較於同時期的就活生，就活時程還是算比較短些。只是，也許是留日資歷過淺，再加上我是以交換留學身分參加就職活動，實際上並無日本學歷，取得內定後再來回顧就職活動，整個過程比一般留學生來得辛苦，尤其前半段幾乎可以説是挫敗連連。

⊙ 不藏私，面試、書面審查小撇步大分享

總結我的就職活動經歷，最終我應徵了 14 家公司，其中通過筆試和履歷審查的高達 11 家，通過第一關面試進入二次面試以上的公司也有一半以上。雖然和日本學生相比，我的實戰經驗不多，但在十幾間企業之間與數不清的日本學生競爭，一關關下來，我也漸漸有了一些對履歷撰寫和面試的心得。

◆ 掌握一個重點，從結論說起

履歷表通常只有一兩張 A4 紙，每個項目限定兩三百字。起初我總是想盡辦法在有限的字數與欄位內填滿各個階段的經驗、成就，乍看內容豐富，實則雜亂無章難以抓到主旨。正因為篇幅有限，更應力求簡潔，掌握一個重點取精華部分闡述。

例如，若問學生時代參與過什麼活動，我只會挑選花費最多心力、收穫最多的一項課外活動，而非細數家珍，把參加過的活動、社團一一條列。如果能進一步闡述透過該活動學到的經驗如何有效運用到未來的職務上更佳。

此外，不論撰寫履歷或者面試，我都秉持從結論說起的原則。就如同寫作的開門見山法，率先點明結論，明確表達主旨或看法才慢慢闡述與鋪陳。要在成千上萬人之中脫穎而出、獲得青睞，一目了然是重要的第一步。

掌握簡潔明瞭的原則之後，還可以適當地「舉實例佐證」。

事實勝於雄辯，與其洋洋灑灑地談自己有多愛交朋友，不如直接舉一個在外地旅遊時偶然結交朋友的例子。口頭上說自己很有行動力、積極、有毅力，誰都會說，如果沒有實際例子佐證，既沒有說服力也過於空泛。若是能適時地搭配一些「エピソード」小故事，不僅讓人信服，也更為印象深刻。

◆ 過程大於結果

各家企業履歷格式各不相同，內容卻大同小異。「你學生時代最致力於什麼事」可說是黃金必考題，多數人容易把重點放在輝煌成就上，但其實，企業在乎的不是成果而是努力的過程。比起比賽優勝等耀眼成就，企業主管更想知道學生從經驗中學到了什麼，那怕它是一次失敗。畢竟，奮鬥努力的過程，更能了解一個人的人格特質與應對態度。

◆ 「能為公司做什麼」比「想做什麼」更重要

求職者常常站在「我想做什麼」的立場，鮮少反過來想「我能為公司做什麼」。尤其日本社會和臺灣不同，臺灣人好於主張自我，日本人卻是不時隱藏小我顧全大局。所以，在日本求職必須跳脫出自我的思維，嘗試站在企業的角度思考。

因此，我不時提醒自己以企業的角度為出發點，反思應徵動機和職涯規劃，將重點放在「我的所長在該公司能有何發揮」、「我的技能在某部門

有最大的貢獻度」，如此一來，不僅能點明長處主張企業僱用你的價值，亦能展現自己對該公司業務概況的認知，進而表達應徵熱誠。

◆ 忠實呈現自己

求職初期，我總找日本友人或大學就業輔導處的老師幫我訂正履歷表，深怕因為用錯辭或文法被扣分。直到去參加一間大公司專為留學生舉辦的說明會，聽了人事的一席話，才明白並不需要害怕說錯話、用錯字，畢竟日語不是我們的母語。留學生找日本人修改履歷，往往一眼就看出經過他人之手，反而讓人懷疑內容的真實性。後來，我不再委請日本人修改，試著用自己的詞句表達最真實的一面，而書面審查通過率也近乎百分百。

⊙ 求職期間的挫敗所教會我的

九個月的就職活動，對我來說既漫長又坎坷，中間有數次的低潮與挫敗，但也正因為有起起伏伏，我才悟得許多重要的道理。

◆ 沒有日本學歷的劣勢

我的就活生涯大多時候是孤軍奮戰。周遭有不少外國人在找工作，可是幾乎沒有臺灣人，而且大家多半都有日本學歷。像我這種短期交換生找工作的，少之又少。

儘管很多企業都說我們不看學歷，可是我認為沒有日本學歷多多少少還是有影響。雖然沒有明顯證據可以佐證，但我從報名企業說明會開始就屢吃閉門羹。登錄資料時，學歷欄我只能登錄「臺灣‧國立臺灣大學（東京大學交換留學中）」，儘管在臺灣是頂尖的大學，可是在日本，各家公司用電腦系統過濾時，這個學歷就像個日本默默無名的大學一般。不知道是不是學歷不夠漂亮的緣故，我曾經七度嘗試申請某家綜合商社的說明會，七度被拒絕，得到系統回應：很抱歉，抽選沒有抽中。

我總忍不住想，假設今天我是日本頂尖大學的學歷，可能一次都不會被拒絕。不過以上的想法，就像都市傳說一樣，沒有根據，要相信或不相信，就看個人了。

◆ 外國人身分的行業限制

參加幾場就業博覽會，作了初步的業界研究再權衡自己的能力、強項與興趣後，就活前期我鎖定了綜合商社、運輸業、媒體、旅遊業及數家外商公司。媒體業和外商公司的徵才活動起跑得早，大約在年底就開始招收履歷、進行筆試面試選考。日本媒體業的選考難度極高，尤其電視台堪稱日本求職數一數二的窄門，但是研究所念新聞傳播的我，即便知道可

能性極低，依舊希望能挑戰日本的媒體業，平面媒體和電子媒體都興致勃勃地報名。實際投遞履歷、參加選考後，卻也馬上明白，身為外國人、日文能力不達母語程度的我，要在日本媒體業工作，簡直是不可能的任務，畢竟媒體業對語言能力的精準要求即便是日本人也並非人人都能輕易達成。報社的筆試除了要考天文地理知識、社會時事，還要寫宛如報紙社論的小論文；電視台的履歷更是要應試者發揮創意，高度要求對日語詞彙的活用和巧思。最後我雖通過筆試、履歷篩選，得以進入某電視台的面試，卻也只進到第二次面試就被刷下來。

在媒體和外商公司屢屢吃閉門羹後，我便改變自己的目標，全力鎖定「積極招收留學生」的國際企業。在正式就活前的準備研究期，我關注的企業大約有 30 到 40 家，最後實際投遞履歷的只有 14 家。

相較於一般日本就活生，我應徵的公司數非常少，因為權衡之下後明白自己沒有那麼多心力去準備那麼多家公司的招考，與其用六七成的精力應付十幾二十家公司，不如挑選幾家真正有興趣的公司，全力以赴。最後，14 家中通過筆試和履歷選考進入面試的公司就有 11 家，進入二次面試以上的公司則有 6 家，面試通過率高達一半以上。

就活後半期，設立明確目標後，求職順遂許多。

⊙ 目標設立要明確

我的就活生涯應該跟大多數的留學生很不一樣。我看了很多企業是絕大多數的留學生不會去嘗試的。例如媒體業（電視台、報社、出版社等等）或是運輸業（JR 鐵道等等）。也因為看了一些一般留學生比較不會看的中規中矩的日本公司，所以深深覺得，留學生還是要找有意採用留學生的公司，否則你就算再優秀，公司沒有採用留學生的計畫，也不可能選中你。

於是就活後半期，我便鎖定積極採用留學生的企業。

要判斷公司有沒有意願採用留學生有兩種方法：（1）參加專為留學生舉辦的合同企業說明會（2）直接參加該公司自己舉辦的說明會或徵才活動。

很多公司會在人力網站上加註：「我們採用外國留學生」，但實際上不見得是這麼一回事。但是會去參加留學生合同企業說明會的公司，就可以得知企業真的有心，否則他們不會多花人力去籌備那些說明會。而且透過合同說明會，可以一次看很多家，互相比較，是個起步的好機會。

當你開始有所研究、鎖定幾家公司後，甚至可以直接去參加該公司自己舉辦的說明會或徵才活動。公司獨自辦的活動，可以更近距離接觸人事跟員工，你可以直接在問答時間，或是私下的交流時間問他們問題，了解他們招募留學生的積極度。

我幾乎都會向所有公司問一個共通的問題：請問貴公司現在有幾位外國人員工？

有的公司會告訴你，近幾年來增加了很多。有的公司會說，目前還很少，可是我們現在開始要增加錄用留學生。也有的公司會直接告訴你，沒有耶。而從他的對答中，你多多少少可以感覺到他們對留學生沒什麼興趣也沒什麼期望。

透過這個最簡單的問題，基本上就可以看出該企業對於留學生採用的態度。其他甚至可以深入問更多問題，譬如現在在貴公司上班的外國人員工大多是作怎麼樣的工作？這些外國員工的職涯展望如何？多多發問，多多了解。

⊙ 積極爭取，勿迷失方向

結束就活後，回顧這段日子，我很慶幸自己雖然在前期屢遭挫敗，卻沒有因此氣餒、自暴自棄，也沒有放棄最初的理念。

雖然一度自暴自棄地認為屢次被刷下來都是因為條件太差，一味地否定自己；也曾想降低門檻，哪怕是待遇差的小公司也好，只要有公司肯聘用我就無所謂。好在後來學著給自己信心，並且堅守底線，告訴自己寧缺勿濫，不屈居於條件差、展望性低的工作，才找到後來的好歸宿。

參加就活，我有個很深的感觸：身為外國人，沒有必要跟日本人有樣學樣。要試著找出一條屬於自己、適合自己的路。

就好像每次參加專為留學生開設的說明會，企業的人事擔當都會告訴留學生們，不要想著要跟日本人一樣。履歷日文文法有些小錯誤、不完美，沒關係；面試過程中，偶爾用錯詞、用錯敬語，也無妨。畢竟我們不是日本人，犯些小錯在所難免。再者，如果用字遣詞、行事態度或思考方向和日本人一模一樣，反倒失去了企業採用外國人的意義。因此在求職過程中，不論是履歷書寫或是面試對談，我雖使用表達禮貌的敬體、敬語，最大原則卻是用自己的話語表達最真誠的自己。

我始終相信，外國人的就活跟日本人是不一樣的。對日本人來說，這是關乎一生的一個重大勝負；身為外國人，最壞的情況就是回自己

國家另覓出路。並不是說外國人就可以隨隨便便，我知道很多人都是抱著不回國的決心拼全力就活。也碰過很多留學生嘴巴上說想要找工作，實際上卻完全沒有努力，只是走走說明會、投些履歷就以為可以換來一份聘書。這樣的態度倒是小看了日本的就活。

只是，如果是像我一樣的短期留學生、交換生，我會建議不要仿效日本人把生活所有的重心都放在就活，也要花點時間玩、體驗留學生生活。

畢竟短期留學生待在日本的時間不多，假設所有精力都投入就活，必定會錯失許多和朋友交流的機會，著實可惜。難得來日本留學，最重要的便是把握機會好好體驗留學生生活、體驗日本文化，接觸各種日本人、外國人。何況這些經驗，不只會回饋到就活上，同時也會增廣見識。

我到東大留學的前半年，把九成的心力都放在就活上，犧牲掉很多活動。但是東日本大地震過後，環境改變了、心境也變了，忽然驚

> 和同樣來自臺灣的朋友一起參加東大留學生交流會，不定期出遊、聚餐。

覺，努力把握最後的留學生活才是最重要的。於是我很努力就活也很努力地玩。積極參加留學生與日本人的交流活動、有時間就到東京各地逛，甚至在黃金周跑到別的縣跋山涉水。

苦悶的就活生活持續久了，容易累積很多精神壓力，適時適度的放鬆是必要的。不管你是要全力拼就活也好，或是偶爾稍微喘息一下過個普通的留學生生活也好，重點是，你要清楚自己在做什麼、自己要的是什麼。不管做什麼，都不要讓自己後悔，就是最好的了。每個人都會有自己的就活步調、自己的就活方式，不用看到別人怎麼做，就有樣學樣。找出自己最適合的方式，相信自己，努力下去就對了。

就活真的很辛苦，但是誠心地勉勵所有正在就活或未來想在日本找工作的人，沒有人找工作是一帆風順毫無挫敗的，被一家公司拒絕不代表自己能力不好，只是表示自己和那家公司適性不合。只要用心，絕對會找到適合自己的一條路，而就算最後沒有得到滿意的結果，努力過的，絕對不會是白費。

💬 內定文化

從求職到就職，日本還有一項和臺灣不同的文化—內定。

日本求職期長且開跑快，公司內定聘用直到正式入社報到為止通常都有半年至一年不等的空白期。企業從四月開始徵才面試，快一些的公司四月中下旬便會內定聘用者，這個階段稱為「內々定」。內內定為公司表明聘用的意願，但求職者不需要馬上答覆，日本不少就活生都是一面拿了幾家的內內定，一面繼續應徵其他公司，等所有面試都結束，再綜合評估、權衡所有獲得內內定的公司做最終決定。

在「內々定」這個階段，主導權在求職者手上，企業會用盡各種方式留住他們選定的聘用者。當時第一個給我內內定的公司即為我的第一志願，因此我辭退了當時還在進行面試的其他所有公司，只握有一個內內定，不作他想。獲得內內定後，公司會舉辦各種活動，讓內定者彼此交流，認識未來同事的同時也讓內定者了解公司與職場。最常見的活動為交流餐會，當時我的公司在通知聘用後的一個禮拜便舉辦小型餐宴，邀請四至六位內定者聚會，先帶我們參觀位於東京市區

繁華地帶、高達 40 多層商業大樓內的總公司，接著就在公司大樓頂層的景觀餐廳一邊欣賞東京都市夜景，一邊享用美食。除了內定者以外，還有三位負責新卒採用的人事，藉著吃飯這種輕鬆的場合，開放我們詢問關於公司的大小事，舉凡公司的福利、升遷制度、職涯展望等等在就職活動期間來不及（不敢）探問的資訊。

六月取得內內定後，七月還以內定者交流為由舉辦一趟兩天一夜之旅。先帶所有內定者參觀公司大本營，之後便乘坐飛機前往北海道登別，招待 30 位內定者入宿溫泉旅館。

十月一日是內定典禮，在這一天為止，公司會確認內定者的入社意願，因此手上有多家內內定的學生得在十月一日前決定自己的最終歸宿。當時我的同期中，只有一位選擇另一家公司，其餘內定者全數於內定式報到。

內定式過後，主導權就回到企業手上，學生會取得內定書，一份正式的聘用文書。從那一刻起，便算是正式受公司聘用，雖尚未進公司，但已經算公司的一份子。

從內定式到入社式為止半年的期間，公司依舊會持續舉辦各種活動，在內定式之前所辦的活動是以聯誼性質為主，內定式過後則會著重於加強未來員工對公司營運的了解。從參觀工廠、與前輩座談等小規模的活動，到全體新進員工都得參加的為期五天四夜的入社前研修，在在都是為將來入社作準備。

我當時因為交換留學只有一年，九月學期結束便先回臺灣，到入社式為止眾多的活動我僅參加了內定式和入社前研修，但單單一個入社前研修就讓我受足了震撼教育。

研修集結了各個職務的內定者，除了我們綜合職以外，還有技術職、第一線服務人員的一般職，一個梯次有上百名內定者，分成 14 個小組，五天四夜的研修宛如大學時代的宿營，有課程也有分組討論、競賽。但是課程內容以及研修的氛圍儼然是社會人士先修班，參加完五天四夜的研修後，身上的學生氣息也去了大半。

課程內容一半介紹公司的事業內容與特性，一半教育社會人應有的禮節及社會責任感。作為「社會人」，首先被要求的便是「守時」。從第二天開始我們便被要求「5 分前行動」，所有課堂、活動都要在開始五分鐘前就位，到了第三天統籌長進一步要求五分鐘前回到座位

> 內定典禮前，綜合職的同梯女孩們相約一起用餐。大家都是標準的「就活生」裝扮—黑色套裝。

上還不夠，和前後左右的組員交談不等於做好上課的準備。於是從第三天開始，每堂課一結束，要上廁所的人便用衝的，排隊隊伍過長來不及在五分鐘前回到課堂，只好放棄。每堂課開始五分鐘前，所有人一定坐在位子上，100 多名學員，沒有人敢發出一點聲響，安靜地準備上課。到了最後一天，100 多人自律自制地遵守「5 分前行動」，一片安靜地等待上課的光景連講者都被我們認真的態度所震懾。

這樣的紀律宛如軍營，對我這種沒當過兵的人而言，著實是震撼教育，也確實有效率地讓我們認知到「從今天起我們就不再是學生，而是一位要擔負責任的社會人」的事實。

每家公司的文化不同，入社前的活動、研修也各有特色，但無論如何，開始工作前都應當作好心理調適，正視留學與工作的差異。

另外，建議開始工作前可以投資一點時間進修日文。不只是基礎的聽說讀寫，也要學習敬語、商業書信的寫法。在書店都可以找到許多相關書籍。

赴日準備 START ！

要在日本工作、實際展開生活，除了心理層面的調適、自我進修，生活層面上的張羅更是不可馬虎，舉凡申請工作簽證到找房子，都是許多人展開日本生活前最大的難題。

⊙ Step.1 簽證

為了順利換取工作簽證，外國人必須先取得「在留資格證明書」，譬如留學生的在留資格為留學，若要在日本從事勞務工作，則必須取得「就勞資格」。原則上在留資格證明書的申請應由聘僱公司協助申辦，因為所需資料（詳見下頁表格）中有一半以上是只有公司才能提供。大手企業或是過往雇用過外國人的公司，應當都會全權負責申辦「在留資格證明書」，應徵前可先確認企業是否會協助簽證申請手續，或者取得內定後也務必確認公司會提供多少協助。

若是聘用公司無法提供協助，則必須自行將所需資料準備齊全，提交入國管理局申請在留資格證明。

遞交申請資料後，正常作業時間大約為一個月，順利取得在留資格證明書後，就可以申請「就勞ビザ」，而這個工作簽證的申請就得全權倚靠申請人本人了。

原則上工作簽證是在自己的國家發放。沒申請過簽證的人也許會覺得不合邏輯，在日本工作的簽證居然不是在日本國內發放，而是回臺灣申請；但其實不論是留學簽證、

打工度假簽證、工作簽證，基本上都要到「在台日本交流協會」申辦。我曾經聽說有留學生不知道要在臺灣申請好簽證就直接赴日，結果入境審查時被長官擋下來，差一點要拒絕入境，好在臺灣人有 90 天內免簽證的觀光簽，最後該名留學生便以觀光簽入境，一個禮拜後飛回臺灣辦理簽證再重新入境日本。

　　因此赴日發展前，千萬別忘了申辦簽證。

　　如果是在日本留學或打工度假，直接轉工作簽證，則必須申辦「在留資格變更申請書」，就可以在日本國內的入國管理局直接核發簽證，不需再回國辦理。

> 外國人辦簽證大多數在劉資格都是申請「人文知識、國際業務」。簽證一次有效期為 3 年。

申請在留資格證明書所需要的書面資料

受聘者自身該準備的	聘顧公司應該提供的
在留資格變更／取得許可申請書	法人登記本謄本
護照、外國人登錄證等身分證明的影本	公司簡介
履歷表	最新的決算書影本
畢業證書	雇用契約書
各種檢定考的證書（如日語檢定或 TOEIC 等）	提交入國管理局的雇用理由書
提交入國管理局的申請理由書	※ 非常重要，申請許可與否的關鍵
前職場的在職證明書（若有工作經驗）	

附註：在留資格許可申請書可在日本法務省（http://www.moj.go.jp/）網站下載。
途徑：行政手続の案内 > 出入国管理及び難民認定法関係手続 > 在留資格取得（變更）許可申請。
※ 申請書的撰寫範例詳見下頁。

受聘者自身該準備的「在留資格許可申請書」撰寫範例

別記第三十号様式（第二十条関係）
申請人等作成用 1
For applicant, part 1

日本国政府法務省
Ministry of Justice, Government of Japan

在 留 資 格 変 更 許 可 申 請 書
APPLICATION FOR CHANGE OF STATUS OF RESIDENCE

入国管理局長　殿
To the Director General of　Regional Immigration Bureau

→註 1

出入国管理及び難民認定法第20条第2項の規定に基づき、次のとおり在留資格の変更を申請します。
Pursuant to the provisions of Paragraph 2 of Article 20 of the Immigration Control and Refugee Recognition Act,
I hereby apply for a change of status of residence.

1 国籍・地域　**台灣**
　Nationality/Region

2 生年月日　**1999** 年 **9** 月 **9** 日
　Date of birth　Year　Month　Day

Family name　Given name

3 氏名　**王　小威**
　Name

4 性別　男・**女**
　Sex　Male/Female

5 出生地　**台灣・台北**
　Place of birth

6 配偶者の有無　有・**無**
　Marital status　Married / Single

7 職業　**學生**
　Occupation

8 本国における居住地　**台北市、台灣**
　Home town/city

9 住居地　**東京都米花中米花町 2 丁目 21 番地**
　Address in Japan

電話番号　**080-1234-5678**
Telephone No.

携帯電話番号　**080-1234-5678**
Cellular phone No.

10 旅券　(1)番号　**12345678**
　Passport　Number

(2)有効期限　**2020** 年 **2** 月 **2** 日
Date of expiration　Year　Month　Day

11 現に有する在留資格　**留學生**
　Status of residence

在留期間　**2年間**
Period of stay

在留期間の満了日　**2017** 年 **10** 月 **1** 日
Date of expiration　Year　Month　Day

12 在留カード番号　**AB 12345678CD**
　Residence card number

★註 2
務必跟雇主討論・確認、

13 希望する在留資格　**人文知識・国際業務**
　Desired status of residence

在留期間　**2年**
Period of stay

（審査の結果によって希望の期間とならない場合があります。）
(It may not be as desired after examination.)

14 変更の理由　**XXXでセールスマンとして就職する為**
　Reason for change of status of residence

15 犯罪を理由とする処分を受けたことの有無（日本国外におけるものを含む。）　Criminal record (in Japan / overseas)
有（具体的内容　　　　　　　　　　　　　　　　　　　　　　　）・**無**
Yes (Detail:　　　　　　　　　　　　　　　　　　　　　　　)　No

16 在日親族（父・母・配偶者・子・兄弟姉妹など）及び同居者
　Family in Japan(Father, Mother, Spouse, Son, Daughter, Brother, Sister or others) or co-residents

続柄 Relationship	氏名 Name	生年月日 Date of birth	国籍・地域 Nationality/Region	同居 Residing with applicant or not	勤務先・通学先 Place of employment/ school	在留カード番号 特別永住者証明書番号 Residence card number Special Permanent Resident Certificate number
なし				はい・いいえ Yes / No		
				はい・いいえ Yes / No		
				はい・いいえ Yes / No		
				はい・いいえ Yes / No		
				はい・いいえ Yes / No		
				はい・いいえ Yes / No		

※ 16については、記載欄が不足する場合は別紙に記入して添付すること。なお、「研修」、「技能実習」に係る申請の場合は記載不要です。
　Regarding item 16, if there is not enough space to write in all of your family in Japan, fill in and attach a separate sheet.
　In addition, take note that you are not required to fill in item 16 for applications pertaining to "Trainee" or "Technical Intern Training".

(注) 裏面参照の上、申請に必要な書類を作成して下さい。　Note : Please fill in forms required for application. (See notes on reverse side.)

★註 1：大頭照以白底為佳。

受聘者自身該準備的「在留資格許可申請書」撰寫範例

申請人等作成用 2　N（「高度専門職（1号イ・ロ）」・「高度専門職（2号）」・「研究」・「技術・人文知識・国際業務」・「技能」・「特定活動（研究活動等）」）　（変更申請の場合のみ）　在留期間更新・在留資格変更用

For applicant, part 2 N ("Highly Skilled Professional(i)(a/b)" / "Highly Skilled Professional(ii)"(only in cases of change of status) / "Researcher" / "Engineer / Specialist in Humanities / International Services" / "Skilled Labor" / "Designated Activities(Researcher or IT engineer of a designated organization)")　For extension or change of status

（依個人實際狀況填寫）

17 勤務先 Place of employment　※ (2)及び(3)については，主たる勤務場所の所在地及び電話番号を記載すること。 For sub-items (2) and (3), give the address and telephone number of your principal place of employment.

(1)名称 Name　▲就職公司名　　支店・事業所名 Name of branch　▲所屬分店

(2)所在地 Address　▲公司地址　　(3)電話番号 Telephone No.　▲公司電話

18 最終学歴 Education (last school or institution)

□ 大学院（博士） Doctor　□ 大学院（修士） Master　□ 大学 Bachelor　□ 短期大学 Junior college　□ 専門学校 College of technology

□ 高等学校 Senior high school　□ 中学校 Junior high school　□ その他（　　　） Others

(1)学校名 Name of school ＿＿＿＿　(2)卒業年月 Date of graduation ＿＿＿＿ 年 Year　月 Month

19 専攻・専門分野 Major field of study

（18で大学院（博士）～短期大学の場合）(Check one of the followings when your answer to the question 18 is from doctor to junior college)

□ 法学 Law　□ 経済学 Economics　□ 政治学 Politics　□ 商学 Commercial science　□ 経営学 Business administration　□ 文学 Literature

□ 語学 Linguistics　□ 社会学 Sociology　□ 歴史学 History　□ 心理学 Psychology　□ 教育学 Education　□ 芸術学 Science of art

□ その他人文・社会科学（　　　） Others(cultural / social science)　□ 理学 Science　□ 化学 Chemistry　□ 工学 Engineering

□ 農学 Agriculture　□ 水産学 Fisheries　□ 薬学 Pharmacy　□ 医学 Medicine　□ 歯学 Dentistry

□ その他自然科学（　　　） Others(natural science)　□ 体育学 Sports science　□ その他（　　　） Others

（18で専門学校の場合）(Check one of the followings when your answer to the question 18 is college of technology)

□ 工業 Engineering　□ 農業 Agriculture　□ 医療・衛生 Medical services / Hygienics　□ 教育・社会福祉 Education / Social Welfare　□ 法律 Law

□ 商業実務 Practical Commercial Business　□ 服飾・家政 Dress design / Home economics　□ 文化・教養 Culture / Education　□ その他（　　　） Others

（如有相關資格或工作經驗 再行填寫）

20 情報処理技術者資格又は試験合格の有無（情報処理業務従事者のみ記入）　有・無 Yes / No

Do you have any qualifications for information processing or have you passed the certifying examination? (when you are engaged in information processing)

（資格名又は試験名） Name of the qualification or certifying examination ＿＿＿＿

21 職歴 Employment history

年 Year	月 Month	職歴 Employment history	年 Year	月 Month	職歴 Employment history

22 代理人（法定代理人による申請の場合に記入） Legal representative (in case of legal representative)

(1)氏名 Name ＿＿＿＿　(2)本人との関係 Relationship with the applicant ＿＿＿＿

(3)住所 Address ＿＿＿＿

電話番号 Telephone No. ＿＿＿＿　携帯電話番号 Cellular Phone No. ＿＿＿＿

以上の記載内容は事実と相違ありません。 I hereby declare that the statement given above is true and correct.

申請人（法定代理人）の署名／申請書作成年月日 Signature of the applicant (legal representative) / Date of filling in this form

年 Year　月 Month　日 Day

注意 Attention　申請書作成後申請までに記載内容に変更が生じた場合，申請人（法定代理人）が変更箇所を訂正し，署名すること。 In cases where descriptions have changed after filling in this application form up until submission of this application, the applicant (legal representative) must correct the part concerned and sign their name.

※ 取次者 Agent or other authorized person

(1)氏名 Name ＿＿＿＿　(2)住所 Address ＿＿＿＿

(3)所属機関等（親族等については，本人との関係） Organization to which the agent belongs (in case of a relative, relationship with the applicant)　電話番号 Telephone No.

＿＿＿＿　＿＿＿＿

★註 2：日本企業為留學生辦工作簽證多半申請「人文知識、國際業務」，但確切的資格與職務最　在填寫前跟企業確認。日本企業簽約正式員工通常沒有期限，但外國人的工作簽證本身效期有一年、三年、五年不等，若辦三年效期的簽證，每三年要更新一次，因此約聘期間通常也是寫三年。

★★★ 簽證流程表

在臺灣辦理簽證的流程與注意事項

首先，要注意時間。交流協會的網頁上有寫明受理時間為周一至周五上午 9:15～11:30，下午 1:45～4:00。再加上臺灣的國定假日以外，日本的休日也會放假，而且禮拜五的下午，不受理簽證申請，僅可「領取」簽證，因此要前往辦證時，務必確認受理時間，以免撲空。

確認好日期、時間，決定出發前往辦證時，也務必確認有備妥以下幾項東西：

1. 在留資格證明書：正本、影本各一。

2. 2 吋照片一張。

   正面、脫帽、無背景，6 個月內拍攝之白底證件照，生活照與合成相片不受理，高畫質（300 萬畫數以上）之數位相片可。

3. 身份證正本以及影本

4. 護照

另外，在交流協會申辦時填寫表格會需要以下資訊：出發日期、航空公司名稱、居住地點、在日本的就職單位（地址和電話）以及在日本的聯絡人（原則上就填寫人事擔當的名字）。

以上是簽證申請的手續，申辦到核發需要一個工作天。領取簽證時，只要帶著工作人員給你的收執聯以及簽證費 1,100 元過去即可。

※ 其他資訊可參考日本交流協會官方網站：

http://www.koryu.or.jp/taipei-tw/ez3_contents.nsf/Top

⊙ Step.2 找房子

在日本工作，另一項大事就是找房子。如果公司有提供宿舍或是社宅，無疑是最經濟實惠且方便的，省錢也省去諸多前置手續；若要自己找房子，則必須注意保證人、訂金禮金等問題。

建議若要找房子卻沒有日本朋友可以幫忙，最好透過仲介安排。在日本租房大致可以分為兩種：適合短期的 SHARE HOUSE 或是出租套房。如果是打工度假，SHARE HOUSE 也許較合適，因為一般套房出租大多都得簽一兩年以上的合約。當然，即便簽約兩年，一般不會規定必須住滿兩年，視契約書上簽定的規章而異，大多住滿半年或一年，押金即可退還（還須扣除清潔費）。只是，若簽兩年約在半年或一年內退租，需支付違約金半個月或一個月租金不等。

SHARE HOUSE 有點類似住青年旅舍，餐廳、衛浴設備、廚房等都是共用，相較之下，套房的優點便是有較能保有個人隱私。

不論是 SHARE HOUSE 或是出租套房，網路上都有許多仲介平台，有意找房的人可以先瀏覽各網頁，多多比較再做決定。

談起在日本租屋，常常會有前輩分享，入住前要給一大筆錢，禮金、保證金、房租預繳費，零零總總，1K 的公寓所需繳的總金額少則 15 萬，多者 40 萬日幣左右。入住前要繳交的費用，名目繁雜，大致上可分下頁表格中的幾種。

值得一題的是房租本身，應留意是否含水電瓦斯、網路費用及「共益費」（類似管理費）。水電瓦斯和網路費用，多半為入住後自行申辦；「共益費」原則上應已含在租金內。

如果是找仲介協助，當然也免不了一筆手續費，通常是半個月至兩個月的房租費不等，當然也有免仲介費的物件。

在日本找房子最大的問題即是「保證人」，沒有保證人無法承租，但是對剛到日本生活的外國人，要找到願意協助擔保的日本人簡直是天方夜譚。好在現今有有不少專門為無保證人的外國人作擔保的公司（例如：GTN），只要你願意支付手續費，這些問題多半都可解決。費用大約為房租的 30% 至 70% 不等。

而對房東而言，最大的擔心便是入住者繳不出房租，因此工作類別、年收入等等都會仔細審查，包括打電話和租客、保證人作種種確認等。為了讓流程順利，受聘公司的資料與薪資條件等相關資訊準備齊全是非常重要的。再者，日本租屋條約複雜繁瑣，有許多初到日本生活難以掌握的部分，建議找仲介協助，尤其現在日本房仲業有越來越多臺灣人或中國人在當仲介，由他們解釋會比較清楚也較能保障雙方權益。

在日租房第一個月要負擔的費用項目

名目	金額	説明
禮金	1 或 2 個月房租	給房東的，基本上有去無回，名義上是感謝房東讓你入住的一筆謝禮。
敷金（保證金）	1.5 ～ 2 個月房租	亦即押金。 在退租時房東會檢查房子，如確認無毀損，會歸還扣除清潔費後的金額。
房租	東京平均 6 ～ 8 萬 東京以外 4 ～ 6 萬	即為家賃＋共益費（管理費）。大多都會要求預繳房租，多的時候需繳半年份。
其他必要費用	鑰匙交換費：16500 ～ 2 萬多日圓。（若是新建物，有的不需鑰匙交換費。） 保證公司：擔心租客無法準時繳房租或繳不出，一般會要求加入。 保險公司：火災險、意外險、竊盜險。 　　　　　（通常仲介都有配合的保險公司跟保證公司。基本上無需自行另找。） 生活支援：偶有仲介要求加收 24 小時生活サーポート料，比方説半夜遺失鑰匙或熱水器故障時的支援。	

★★★ 租屋實用網站推薦

☆ SHARE HOUSE PORTAL
- Guest House Bank http://www.guesthousebank.com/
- e ゲストハウス http://e-guest.jp/
- Sakura House http://www.sakura-house.com/jp
- ひつじ不動産 http://www.hituji.jp/

☆租屋網站
- 富士見房屋 http://fujimihouse.jp/
- Best Estate（專營外國人客戶）http://best-estate.jp/tw/

⊙ Step.3 收拾行囊

去海外生活，行李打包也是一門課題。如果可以的話，自然希望在不超重的情況下將所有家當帶上飛機，只是一個人能攜帶的行李有限，目前最多就屬日籍航空公司提供的一人兩件 23 公斤以內的行李。但對要在日本生活一兩年以上的人來說，這 46 公斤能容納的依舊有限，因此應該準備什麼東西、什麼東西不用帶，劃分清楚以便有效應用隨身行李的限重容量是非常重要的。

記得我當年留學沖繩時，爸爸媽媽以順道一遊沖繩為由，另外訂自由行機票跟著我一同出發。他們帶少少的行李好把額度全都給我使用，於是我貪心地帶了許多衣服、鞋子、書本，甚至連棉被、枕頭都用真空收納袋壓扁帶去。抵達那霸機場，接應我的琉球大學留學生中心的職員看到我浩大的行李陣仗差點沒嚇跑。

其實東西帶得越多，不僅去的時候要負擔高額超重費或國際包裹運輸費，回來時要再把這些家當帶回臺灣也是一大問題，尤其通常回臺灣時行李都會比去時來得多，畢竟生活在日本一兩年，總會添購衣物、飾品、紀念品。因此，赴日前打包行李務必精簡，許多在日本也買得到的、用途較小的，就不用帶去了。再怎麼說也不是要移民、搬家，尤其打工度假只有一年，必需品帶著就足夠；即便是赴日工作預計生活多年，很多東西在日本添購即可，或者馬上會用的衣物、生活用品先帶走，其餘不急著用的東西、下一季的衣服等就海運郵寄，為自己省下不必要的麻煩。

原則上，日本的藥妝店應有盡有，除非因體質或個人習慣而有固定品牌，否則舉凡洗髮精、沐浴乳、洗面乳到乳液、女性衛生用品等，這種重量不小或佔體積的日用品都不需從臺灣帶去。百圓商店也可以買到生活所需的各種用品，例如鍋碗瓢盆、餐具、清潔用具、洗衣袋、收納櫃等等，倚靠百圓商店就可以便宜入手。

以下列出幾項個人建議準備的物品供大家參考。

品項	建議攜帶	個人斟酌	備註
電器用品 3C 產品	筆電 相機 電鍋	手機	1. 雖然日本亦可購買筆電，但有語言設定與軟體相容問題。鍵盤設計也略跟臺灣不同，建議從臺灣攜帶筆電過去。 2. 日本只有煮飯用的電子鍋，沒有電鍋。電鍋可煮飯亦可熱菜，計畫自炊的人建議攜帶。 3. 日本手機和臺灣不同，抽換 SIM 卡無法通用，需重新申辦。臺灣手機帶去日本只能以無線網路連結，僅適合打工度假等短期留日者。 4. 日本電壓 100V（臺灣 110V）、兩孔插頭，絕大多數電器用品都可通用，無須變壓或轉換插頭。
藥妝品	眼藥水 成藥	衛生棉、防曬乳、保濕乳液	1. 日本藥妝店亦有販售隱形眼鏡的藥水，但如果不清楚品牌，建議從臺灣帶自己慣用的藥水。 2. 日本看診昂貴又麻煩，自身的固定用藥以外，赴日前可至藥局請藥劑師幫忙開一些普通感冒、腸胃不適時可服用的成藥。
生活用品	針線包	文具、廚具	
衣著	外套（夏季冬季至少各一套） 正式場合可穿的服裝一套 帽子、慣穿的鞋子		1. 外套價格較昂貴，除非有計畫購買日本品牌，否則從臺灣備去較理想合算。 2. 建議準備一套正式場合可以穿的套裝、西裝或洋裝。日本人注重場合禮儀，若必須參加正式場合卻沒有適當的服裝容易失儀，在日本添購又所費不貲。
其他	信用卡	入境日本每人可攜帶現金上限為 100 萬日圓。日本信用卡普及連便利商店都能刷卡，可減低攜帶大量現金在身上的風險與負擔，購物付款也方便。	

> 去東大留學時我寄了兩大箱海運包裹。

⊙ Step.4 國際包裹

行李再精簡，依舊有可能超過航空公司的限重。帶不了的行李，除了在航空公司櫃檯付高額的超重費，其實事先用國際包裹寄出可以省下一大筆費用。

海運運費最便宜，寄 20 公斤的行李到日本 1000 元有找。雖然和空運相比慢了許多，快的時候兩三週寄到，慢者要等上一個月，但價格差了將近三倍。因此若要將部分行囊以包裹寄送，不妨把不急著用的東西裝箱，例如抵達時是夏天，就可把冬季衣服厚重的大衣外套全部海運寄送。

不論從臺灣寄至日本，或是由日本寄回臺灣，一件包裹限重都是 30 公斤。要特別推薦的是，日本郵局有非常貼心的「到府收件」服務。不會額外收費（將包裹自己拎去郵局窗口每件折價 100 日幣），只有一件也收貨，若回臺灣時要寄送包裹，可以至日本郵局的官方網站（http://www.post.japanpost.jp）網路申請，或是直接撥打「集荷」的專線 0800-0800-111，郵局會安排最近的支局去取件。如果郵局業務較繁忙，有可能當天申請、隔日取件，最快也是早上申請、下午或傍晚收件，因此

	空運	海運
臺灣寄至日本	TWD 2570	TWD 970
日本寄回臺灣	EMS：JPY18200（≒ TWD4800） 一般空運：JPY11850（≒ TWD3100）	JPY 5750 （≒ TWD1500）
所需時間	EMS：2 天 一般空運：一週	2 ～ 4 週

郵局空運、海運比較圖表

※以**28**吋行李箱、重量**20**公斤為例的郵局運費（匯率以1JPY=0.26TWD計算）

若要請日本郵局到府收包裹，記得提前打電話申請預約，就可以輕輕鬆鬆地在家裡把包裹給寄出去。

日本企業的用心從求職開始

在日本經歷了九個月的就職活動，看到不少臺灣企業少見的特質，也從各家企業在整個招募過程中投入的心血，看見日本企業徵才的用心。

日本人常將求職比喻為戀愛，找工作就像在追求男女朋友，寫履歷就當作寫情書。實際參加就活後，我不禁讚嘆這比喻的巧妙，也深深覺得求職過程中我們無非是想找個值得託付終身的對象，對公司而言，自然也是希望能聘用一位終身適任的伴侶。

日本人才流動率低，雖然近幾年時代改變，已經不比泡沫經濟時代「進入一家公司就工作到退休」的盛況，變動率卻依舊沒有臺灣來得頻繁。臺灣企業徵才，往往都有聘用期限，每一年或每隔兩三年就得更新一次聘用契約；然而在日本，如果是正式員工，通常沒有聘用期限，只要員工沒有重大缺失、違反公司規章，原則上等同於終身聘用。

對日本企業而言，每一個招募進來的員工，都是一種長遠的投資，他們也因此會在徵才活動上投注大量的心血與經費。

⊙ **精美的公司簡介手冊**

參加日本企業說明會，各家公司的簡介手冊幾乎是一家比一家華麗精美、一家比一家豐富有趣。一本本圖文必茂的冊子，宛如雜誌一般。

> 上：日本企業都用心製作簡介。下：電視台的簡介冊甚至圖文並茂，用漫畫格式介紹新聞節目製作的流程。精美度之高簡直可以當商品賣。

裡面不只單純介紹公司事業或部門，多半讓各部門代表性的員工現身說法，分享自己在辦公室的一天，或是個人職涯展望。

例如電視台的手冊用類似漫畫的編排方式，照片輔以文字解說，淺顯易懂地介紹記者的工作。

從這一本本媲美雜誌的手冊，皆可看見企業的用心。

⊙ 有吃又有拿，參加徵才還可以領贈品

除了精美的小冊子以外，不少公司也會發放自製的文具用品，例如原子筆、資料夾、筆記本；很多製造商甚至會贈送自家公司的產品。像我曾經在雀巢公司的說明會結束後領到一罐雀巢紅茶和一塊 KIT-KAT 巧克力、參加 SUNTORY 的說明會則領到一罐なっちゃん柳橙果汁；朋友也曾在遞出履歷後，收到可果美公司的問候信加上一箱果汁。

遇上這種用心的公司，總是會聽到就活生感動地說：「這家公司在我心中的地位大大提升了，我一定要努力考進去。」

當然，有時候也會聽到就活生開玩笑地說：「太好了，拿到這些贈品我也算沒有白白參加這場說明會。」讓人不禁懷疑，該不會有些人是為了拿這些小零食、飲料才來報名這些製造商的說明會。

也有些公司為了吸引學生參加說明會，發送星巴克飲料券或是類似 I-CASH 的 QUO 卡。大小企業為了招募學生無所不用其極，想盡各種花招。只是，參加說明會的學生當中，真正對該公司有興趣的比例佔有多少，就不得而知了。日本某就職情報網站上甚至開設一個「分享你在某公司拿到了什麼贈品」的專區，也算是個很有趣的現象與反應。

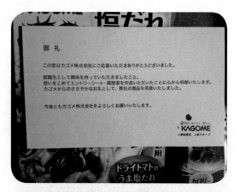

> 還沒徵選企業就砸大錢，送飲料給投遞履歷的學生／照片何惠君提供

⊙各式各樣的參訪活動

在日本求職生活過得很緊繃，面對一層層的關卡，總是又緊張又有壓力。此外，為了參加各家企業自行舉辦的說明會，九個月東奔西跑下來也花了不少交通費，一開始很心疼，後來我調整心態，把每一次去公司參加說明會、活動、面試當作一種企業參訪。能夠走訪各大知名企業，一窺這些公司大樓內部的模樣，倒也是一種一般觀光客無法體驗的活動。

在求職過程中，日本企業最讓我感佩的便是對他們而言招募人才不只是單純的徵才，而是很用心地透過各種方式，讓求職者更加了解這間公司，就如同男女間的交往，也要經歷一番互相了解才知道彼此是否適合。

除了最樣板的 POWERPOINT 簡報、徵才影片播放以外，許多公司還會舉辦座談會，提供求職者與現任員工的近距離交流，用最直接、真誠的聲音呈現公司的各種面貌。

而我最後會選擇進入這家公司，有一個很大的因素便是在面試過程中，我看到了他們努力傳達企業理念、用心讓求職者了解自己的一面，透過一次次的面試，也讓我越來越肯定這家公司能提供我揮發所長的舞台，並且認同公司的理念。整個徵才過程中，總共有四次面試，每一次開始面試前，都會有一段介紹公司事業、工作概要的時間，進入第三次面試時，甚至邀請綜合職的前輩和我們相談，分享工作上的甘苦談。這些用心都深深打動了我。

⊙ 設計獨特的履歷表

從履歷表的格式也可以看到各企業的用心與特色。有些公司大體上沿襲傳統，欄位不乏是學經歷、社團活動、求職動機等基本問題；卻也有很多公司跳脫傳統，省去千篇一律的老問題，要學生發揮創意。

例如某電視台便要求職者假想自己是某幾位藝人，想出一些有創意又配合時事的推特貼文。某製造商則是畫出一個大大

的空欄，要求職者發揮創意在 A4 的稿紙上表現自己。

　　履歷表原則上都是用黑色原子筆撰寫（日本人普遍認為藍色並非正式文件使用的顏色），如果是格式不拘的自由發揮型履歷，亦可適度使用色筆。好在履歷表都是事先在家中寫好後繳交，不會要求職者當場揮灑，遇上講求創意的公司，有充分的時間可在家慢慢醞釀、揣摩。

⊙ 徵才者的創意與用心

　　撰寫履歷時，除了感受到企業的用心，也深深體會到日本人認真的態度。在日本求職，往往讓臺灣人大呼吃不消的即是履歷表都要用手寫，並且不能用立可白塗改。曾聽日本公司的人事說，履歷表講究手寫是相信從一個人的字跡可以看出一個人的個性，比起電腦打出來的樣版印刷字，一筆一畫手寫的履歷更有溫度。

　　至於不能用立可白塗改一說，則有些偏向前輩口耳相傳的「都市傳說」了。在就活討論網上，不時會看到有前輩提醒履歷表寫錯字就重謄一張，不要用立可白修改，一

張履歷表塗塗抹抹的，視覺效果會大扣分。一張乾乾淨淨的履歷表，和一張有著零星立可白痕跡的履歷表，自然是前者第一印象較討喜。於是雖然無從驗證都市傳說的真偽，我也仿效日本人講求完美的精神，拿到履歷表後，先在空白欄位用鉛筆畫上格線，再對著草稿一字一句地抄寫，寫錯一個字，就再重新劃格子重頭謄一張。如此費工夫的作業，寫好一張履歷表總得花上大半晌。有時候已經寫好八九成，一不小心寫錯一筆畫時，常常想翻桌大發脾氣。我應徵的公司數，已經遠比日本人少上好幾倍，在經濟不景氣的時代，日本學生一投就是數十家，多一些甚至近百家，我光是寫十幾家公司的履歷表就已經寫得手軟頭疼，不禁打從心底佩服投考幾十家的日本人們。

⊙ 職涯規劃的重要性

在求職過程中，除了上述企業的用心以外，也看到不少值得讚許的特質，例如日本企業看重員工的職涯規劃，雇用一位員工都是以長遠角度看待。

在面試過程中，各家企業都非常注重「你想在這家公司做什麼」，而且這邊所指的並非短期的工作意願，而是指「十年後你想在這家公司扮演什麼樣的角色」這樣的長期職涯規劃。

對於每一位雇用進來的正式員工，人事都會依照個人的專長、個性特質，去做長遠的規劃。實際入社、進入分發部門後，主管也會定期面談，了解員工對現階段的工作是否滿意，並且商討未來的職涯發展。

⊙ 視員工為重要資產的日本企業

進入日本職場後，令我讚嘆的另一個優點便是「企業珍惜人才，將員工視為公司的財寶、資產」。

開頭也提過，在日本工作正社員的聘用契約通常沒有年限，近幾年年輕一代價值觀改變，或許「終身雇用」的概念已消磨不少，但人才流失率依舊低於臺灣。記得有一回聽臺灣朋友說，

他的公司剛走了一位業務，正為了找不到接班人而苦惱，該名辭職的員工做了兩三年已算老手，表現可圈可點，無奈長期以來待遇不如預期，向上司爭取調薪卻換來「不滿意就辭職呀，我隨便都能找到代替你的人」這樣不留情的回答。

我聽了不禁感嘆。人才在臺灣，真是好廉價，揮之來揮之去。日本不是，企業對員工有一定程度的尊重，尤其公司規模越大，越是重視員工。每一年企業都花大筆錢徵才，用重重關卡精挑細選是用之才，因此每位員工在正式進入公司工作前，公司就已經投資了一筆錢財。再加上進職場後的訓練、栽培，開除一位員工後，另外找人選遞補或許並非難事，但重頭徵選、栽培一位新人，意味著公司要支出兩倍以上的花費。因此許多日本企業珍惜並尊重每一位聘用進來的員工，重視員工的工作滿意度，也注重員工長期的職涯規劃。

有些公司，甚至將人才寫作「人財」，因為他們認為每一位員工都是公司不可或缺的財寶。在我的公司，人事部的統籌部門便稱為「人財大學」。當員工被公司看重，也會更加心甘情願地為公司鞠躬盡瘁，可謂雙贏的局面。

Chapter 04

職場生活
大不易

💬 從菜鳥到前輩

　　曾經在一部描繪職場新鮮人甘苦的日劇中聽到這麼一句台詞：「一年目，不是最快樂就是最艱辛的時刻。」真正踏入職場後，對這句註解感同身受。

　　進公司頭一年，什麼都新鮮也什麼都不會、什麼都要從頭學，快樂有趣的事當然不少，然而回想起來，艱苦難熬的時刻卻也多得多。就我個人而言，在日本工作，除了適應上下分明的階級關係，一年目的菜鳥身分也吃了不少苦。年資最淺的新人從工作到職場外得包辦許多大小事，雖然在臺灣，職場雜務亦是菜鳥的職責，不管在哪個國家，跑腿打雜的苦差事多半也都是由最菜的新人承擔；然而日本職場對菜鳥有著更強烈的苛求，只要新人有一絲鬆懈或是讓前輩頂了自己的差事，好的時候會

收到前輩口氣和善的「提醒」，嚴屬的時候則少不了一頓挨罵。在臺灣，也許是因為每位員工進入公司的時期不一致，前後輩關係並不如日本分明、嚴謹，有些時候可能工作數月便又有新人進來，早早就告別「跑腿打雜一手扛」的菜鳥身分。但日本企業固定以一年為單位招聘，年資分明，新人無論如何都得當至少一年的菜鳥。

記得當時一踏入職場最震撼的便是，各方前輩們強力灌輸新人要持有「我什麼都願意做、什麼都給我做」的姿態，並且時時維持「精神飽滿、有朝氣」的態度。新人除了要在工作上加倍努力、積極學習，還得維持青春有活力的形象，例如在走廊上遇到同事要大聲問好，主管丟出差事最好搶著做，否則就要落人口實，被批評「沒有元氣」。

在日本，一年目的新進員工是最明顯的一群，上頭所有眼睛都緊盯著這群新人，做得認真努力自然會贏得讚美，一旦做錯事，即便是小小的疏失，也會立即引來「關切」。

又或者業務上少了一絲積極性，也免不了招致前輩譴責。印象最深刻的即是上線第一個月時，有一回我在櫃檯當值，一位客人神色匆忙地詢問某家商店如何走，在附近的前輩熟練而快速地挺身引導客

菜鳥嘛係狼～

透過漫畫看職場

切記你時時刻刻都要元氣滿滿，遇到同事要大聲問好，ok?

好!

元氣十足!!

前輩好

你有需要這樣嗎

by Darcy 2014.8.4.

1 2

人，該名前輩前腳一走，在一旁看著的另一位前輩便上來嚴厲地唸了一句：「為什麼讓前輩去帶客人？新人要更積極一點，好嗎？」

根據他們的想法，新人什麼都要做，電話響了要搶在前輩之前接起電話、絕對不能讓前輩搬運東西自己兩手空空、上頭有差事吩咐一定要第一個舉手，有位前輩甚至建議我們要有「用搶的也要把前輩手上的工作爭奪過來」這般積極進取的態度才好。

菜鳥嘛係狼～

透過漫畫看職場

新人要表現出積極的態度，事情要搶著做，不可以沒有元氣，知道嗎？

是！

請問這裡是不是有一家湯咖哩店？怎麼走呢？

那個…

前面直走，在書店那邊右轉，右轉後左手邊第三家就是了！我帶您過去！

by Darcy 2014.8.16.

為何讓前輩去帶客人？你這新人可以再積極一點嗎！

我又做錯了！！

進公司第一年，除了調適自己的心情，學習日本人「菜鳥事事都要搶著做」的態度以外，實際業務操作上也吃了一番苦頭。

剛上線時，服務業專用的遣詞用語說不上手，或是不熟悉業務而動作緩慢招致主管責備，屢屢讓我感到氣餒，再加上獨立上線的頭幾天就連續犯下兩個疏失，引來客人強烈的不滿與客訴，最後請到主管出來應對才平息客人的怒氣。接連犯錯，短短幾天之內就被要求撰寫兩份業務報告書，一一向在各個環節中應對客人的單位、前輩們道歉，最後再向主管稟報自己的缺失。剛起步就接二連三的犯錯、接到客訴，讓好強的我忍不住在公司留下不甘心的淚水。

⊙ 從錯中學

明白自己在日語聽說上面絕對不如其他日本人同事，因此我從職前訓練開始便比同儕加倍努力，指導員教授的東西絕對在當天吸收、牢記，下一回指導員在課堂上提出來複習時，總能在第一時間對答如流，一個月的教育訓練下來，一起受訓的同事們都對我刮目相看，直誇我是優等生。未料實際上線後，居然成了同期中最早撰寫業務疏失報告書的一員，接二連三犯錯，大大打擊了我的信心。

然而俗話說得好，「從哪裡跌倒就從哪裡站起來」，在跌跌撞撞之中學習，每一次的失敗，都讓我成長不少。

剛起步時，犯了錯一面是讓客人不愉快、另一面則是免不了被長官責備，很容易對工作感到排斥或甚至懼怕。自己身邊就時常聽到同事犯了比較嚴重的錯、被責罵之後，開始害怕出去面對客人。然而逃避是消極的，在一次又一次的跌撞中，我學會「不能害怕失敗」這個觀念。犯了一次錯，警惕自己不要再犯錯、下一回要更加謹慎固然重要，但同時也可以試著正面思考，把每一次的挫敗都當作一次難得的學習經驗，做錯了就去學習對的方式。疏失自然不值得鼓勵，但是如果能記取每一個教訓，這些挫敗的經驗往往讓我們成長最多。

除了從錯中學以外，遇到不懂的就開口問也很重要。剛上線時，周遭的前輩都會好心地開導，要我們遇到不懂的、不清楚的就開口問，千萬不要因為害怕被取笑或被責罵而不敢問，最後卻又做錯事造成客人、其他員工的困擾。前輩們都會說，要趁著還是新人的時候盡量發問，有些問題或許很簡單，但是大家知道你才一年目、剛進來很多東西都還在學習，會很樂意教導你；

如果不趁著新人時多多學習，等到二年目、三年目都成了別人的前輩時，就更不敢開口、更沒有人願意指導你了。只不過，新人再怎麼樣菜，也不能自己不先做功課就開口問，這種「伸手牌」的發問反而會引起前輩們的反感。有不懂的地方，一定要先查過教科書或相關資料，有一定的了解，再請教前輩幫忙解惑。發問時不能問「這件事情該怎麼做」，而是「翻閱教科書後依據我的理解，應該是這樣這樣做，不知道這樣的作法是否正確」。

在工作上，除了不要畏懼挫折、積極學習以外，適當的「気分転換」也相當重要。有時候作業疏失是一種連鎖效應，做錯一件事情之後，接二連三地其他的疏失、不順遂也會跟著來，心情越不放寬鬆一點再簡單的工作也很難做得順手。尤其剛踏入職場的第一年，對業務狀況不熟悉，除了不免容易犯錯、引來客人不滿以外，也要費心適應環境、建立人際關係。種種壓力難免將自己壓得喘不過氣，利用放假的時候做自己喜歡的休閒活動，出門遊玩、和朋友聚餐、唱卡拉 OK，或是在家裡看電視、看書等等，學會讓自己放鬆。

有些人會認為，身為新進人員為了盡快步上軌道，即便放假也該窩在家裡讀書做功課，但是我深信在工作和休閒之間取得平衡也是非常重要的一個課題。我很喜歡旅遊，因此時常在假日安排旅遊活動，出外遊山玩水調適心境，下一趟旅遊計畫也可以成為工作的動力。工作比較操勞時，則約三五好友去享用美食，好好慰勞辛苦了一周的自己。

最後一個小建議，回歸根本卻也非常重要：再累再辛苦，也不要忘了和你站在同一陣線的同期。工作上的不愉快，很多人也許習慣找自己的麻吉吐苦水，除了學生時代的朋友以外，其實公司的同事也可以成為你的一大支柱。畢竟很多事情，一起工作、共患難的同事比外人更能理解，即便不能解決你的疑惑，至少不用多說也可以明白你的心境。在職場上同事也可以互相照應，一同學習。以前常常覺得日本人很難交心，但在日本職場奮鬥兩年下來，公

司的同期卻也患難見真情，在業務上或是心靈上都給了我很大的支助。

⊙ 從一年目到二年目

在職場當了一年最菜的菜鳥，試著順應日本人那套「最菜的員工就是要做最多的事」的觀念，同時也讓自己適應「晚輩就是要對前輩絕對的服從與尊重」的想法，心理上經過好一番格鬥，從零開始學習日本這些職場文化，吃了不少苦。更不用說同時還要背負業務相關的學習包袱，以及職場內外的人際關係建立。

好在這些辛勞與心理壓力，邁入第二年時開始有了轉變。

進入第二年，終於擺脫菜鳥身分，隨著新一批的新人進來，我也晉級成了「先輩」。辦公室內大小打雜事務不用再全部承攬到自己身上，開始有新的菜鳥接手來做，上面的長官前輩們也不再緊盯著我們的所作所為、無時無刻叨唸提點，轉而叮囑新進人員。同時，角色一轉換也開始有些明白前輩們的心態，漸漸了解一年目時前輩們的嚴厲與責備其實都是他們用心教導、栽培的證明。

想起自己一年目時，總是畏懼那些嚴苛的前輩們，因此當上前輩後，便不斷告誡自己不能成為那種讓後輩懼怕、對後輩擺架子的前輩。當後輩有不懂的地方，總是耐心地指導，不因為自己輩分比較高就對晚輩頤指氣使。身為與新進人員年資最貼近的一代，二年目的我們總是和氣地引領、開導小菜鳥們，在指導的過程中，偶爾也會發現自己正走著前輩走過的路、說著前輩曾經指導的話語。過去自己也是菜鳥時，常覺得前輩責備得過於嚴厲、有時候甚至以為前輩故意找碴，自己當了前輩之後才明白，看到新人犯錯就忍不住上前說幾句，並不是苛責，而是希望他們不要再犯同一個錯，不要因為小小的疏失招惹客人，回過頭來又讓自己不愉快。

也真正明白，「前輩願意指正是好事」這個道理。畢竟有前輩的提點，才明白自己的錯，並能學習正確的做法。真正可怕的是做錯事卻沒有人願意提醒你，讓你一錯再錯，直到有一天釀成難以補救的大洞。

邁入第二年當上前輩後，也明白身為新人事情做得好不好並不是最重要的，重要的是「虛心受教」與「積極學習」的態度。

指導後輩時，有些人或許做得還不是很好，但總是認真地悉聽，指正他們錯誤時也抱著「多謝前輩耐心指教」的謙卑態度，面對這種後輩，往後便會多加關照、更耐心地指導；反之，則不然。

有一回我就親眼看到某位前輩好心想協助後輩、從旁指引，後輩卻態度消極、未表現出願意學習的姿態，惹得該名前輩氣沖沖地離去，並撂下「那個人太誇張了，什麼態度？她交給你看著辦，從現在開始她有任何問題我都絕對不會再去教她。」的狠話。

記得一年目時，雖然很感謝耐心指導的前輩，有時候同一種事情被念了太多次，也會氣餒地想：我知道應該要那麼做，我也正在努力學習，只是還沒有很熟練而已呀。

邁入二年目，自己當上前輩才明白，前輩念來念去都是為了我們好，都是因為期許我們能做得更好、相信我們可以更進步，才會耐心指導；如果前輩什麼都不念、不指導，才應該感到不安，因為那表示也許是你的態度不佳或是能力有限，前輩已經放棄指導了。

⊙ 有前輩關照是專屬於一年目的幸福

就好像小孩子都急著想要長大，大人們卻希望能回到童年當個無憂無慮的小孩，一年目的時候，我也希望可以早日成長，成為「一人前」的前輩；進入二年目，真正開始走上前輩之路時，偶爾卻又懷念起當菜鳥晚輩的日子。

菜鳥新人雖然有很多事情要學習，不論是工作業務或是非關業務的範疇，卻也因為資歷最淺，總是會有人願意指導。

一年目時，每天上班都很疲累、緊繃，但業務之外、下了職場，總是得到前輩、長官們許許多多的關照。現在回想起來，倒也是一段很幸福的時光。

日本有個不成文的規定，公司或甚至學校社團聚餐時，前輩們得比晚輩們多出一些錢，如果是新人的話，通常不用出錢只等著前輩們請客。即便只差一兩屆也是一樣，前輩就是前輩，身為前輩就得關照晚輩。剛開始還不懂有這樣一個不成文的規

> 邁入二年目之際，我們應後輩之邀聚餐，與他們相談工作哲學，傳授經驗。

★★★ 貼心小建議

適應菜鳥身分你可以這麼做

日本人很看重「做事態度」。因此剛進公司的小菜鳥，不要貪心地冀求一下子就把工作做到好，拿出認真、用心的態度，紮實地奠定基礎更重要。

定，和大我一屆的前輩們吃飯時，我們直說平常就受前輩許多關照，不好意思讓前輩請客，一位前輩笑笑地說：「不要緊張，等你們脫離一年目後，就會讓你們付錢了，趁現在還可以被請客就不要客氣。」

真正當上前輩後，偶爾也確實會想念到哪都有前輩掏錢請客、呵護的幸福小菜鳥時光。

💬 讀空氣的職場潛規則

在熱情度上，臺灣人和日本人有著顯著的差異。外國朋友來臺灣旅遊常稱讚臺灣人好熱情、好友善，在街頭看見外國人拿著旅遊書或地圖東張西望，會有人上前詢問是否需要幫忙；在捷運公車上看到外國人研究路線，也會有人湊上去問他要去哪裡，熱心地講解轉乘方式。

臺灣人就是如此熱情地對待外國旅客，很多人都有種「雞婆、愛管閒事」的本性一當然，我是以正面角度讚許這種個性的。

日本人幾乎是相反了，多一事不如少一事，從小就被灌輸「不要多管閒事、不要給人家添麻煩」的觀念。就好比日本電車上往往安靜

無人交談，偶爾有手機鈴聲響起，車廂內數十雙眼睛便會瞪過來，試圖找出破壞寧靜的兇手，以眼神責備他。日本電車上手機必須關震動，不得通話、不得大聲喧嘩，所以每個人上了電車便低頭收發簡訊，盡量不發聲響以免給周圍的人帶來「迷惑」。電車上長長的座椅擠著肩並著肩的旅客們，彼此靠得很近卻沒有任何交流，只是一個個低頭作著自己的事。

　　曾有位朋友說，東京的電車好安靜，不出聲不講電話不交談，在在顯示了東京人冷漠與對週遭事物不聞不問的民族性。日文的震動模式叫做「マナーモード」，禮貌模式，不在電車上講電話、喧嘩是一種禮貌、規矩。在日本生活多年，越來越明白，日本人極注重表面和諧，不喜歡多事，作任何事都唯恐造成別人的困擾。

　　一位嫁到日本的朋友曾跟我分享，有一回她和先生去餐廳用餐，服務生端來的盤子邊緣有一隻小蟲，她正想舉手請服務生來看時被先生阻止。先生告訴她，只不過是一隻小蟲，自己挑起來就好，何必大驚小怪。但要是發生在臺灣，別說是請服務生，恐怕要請經理出來解釋道歉加賠償才罷休。

　　相同狀況，有些日本人或許也會據理力爭，大多數人卻認為，如果是自己可以解決的小事不要麻煩他人。

在職場上，我也看見許多時候面對疑問與不滿日本人保持沉默和習於忍讓的一面。

例如，每天凌晨五點到八點，我們有個引導客人轉乘接駁車的職務。在職訓練期間第一次被指派這個職務時，我在指導前輩的帶領下做了兩個多小時，接觸的客人只有個位數，其中甚至很多不是我們的顧客，勞動了一個早上，一半以上的時間都在對應別人的客人。

結束職務回辦公室的路上，我忍不住婉轉地問前輩：「這份職務有存在的必要嗎？」這份職務作用不大，一路上其實都有指標，接駁車到站後司機也會招呼客人，即便我們不在，客人依舊可自行搭車，沒有任何不便；別家公司都沒有派人力在這兒引導，唯讀我們安插了這個職務，結果反倒變成我們要幫忙招呼其他家公司的客人，著實奇怪。

前輩尷尬地說，沒辦法，長官認為有必要，我們就得作。事後跟其他同事討論，發現大多數人都有相同的想法，但從來沒有人向上頭的長官報告，提出質疑。

有些同事甚至說：「你好敢講。雖然我也認為這個職務沒有存在的必要，但我根本不敢直接這麼說。」

我總是笑著告訴他們：「我知道你們日本人不敢隨便提出質疑。但是我不是日本人，我覺得這樣很浪費人力，所以我一定要說。反正我是外國人。你們不敢說我來說。」

偶爾同事有做錯的地方，或是作業上有小疏失，如果發現問題的是晚輩，通常不會去出聲糾正前輩。自始至終我都對這個現象非常不能理解。不論晚輩還是前輩，發現對方有所疏失，本就應該善盡告知的義務，這不僅是為對方好也是為整個工作順暢與完成度著想。

日本人同事卻告訴我：「她是前輩，我哪敢說她的不是呢？」

面對這樣的想法，我始終無法釋懷。日本人本就不喜歡多管閒事、道人長短，前輩晚輩關係再扯進來，便越容易不了了之。彷彿只要下面的人不多說話，就能維持與長輩們的和諧，作業上的缺失反正事小不重要。

同樣的現象看越多越覺得荒謬，和同事討論卻又被認為是小題大作，畢竟這對他們來說似乎是天經地義的事情——前輩的錯，輪不到晚輩插嘴。

有些同事甚至好奇地反問我：「如果在臺灣，晚輩就會糾正前輩的錯嗎？」

我毫不猶豫地回答：「會。為了他們好，應該說的。」或許說話方式會委婉些，或許在輕鬆場合用半開玩笑的口氣談論，但不管是哪一種，臺灣人並不會因為自己是晚輩就默不出聲、裝作沒看到。

日本職場尊重長輩的觀念固然是好，但因為顧忌輩分，面對疑點不聞不問不敢質疑，卻是一個不可取的陋習。

 職場人際關係的建立與職場霸凌問題

踏入職場後，社內人際關係的建立也是一門相當重要的課題。職場小的話，同事人數少，熟識得快，相對地和所有同事的互動、交流也是無可避免；職場大，同事人數多，光是要跟所有同事打一聲招呼都得

★★★ 貼心小建議

空氣怎麼讀

在日本不想被當"KY"（空気読めない，不懂察言觀色者），不擅長看臉色、看場面沒關係，可以先學習說話技巧。臺灣人多半心直口快，面對含蓄的日本人，即便批評反駁也要婉轉，利用一些言語潤滑劑，例如「你的想法沒錯，但我認為……或許也可行……」等說法來包裝尖銳的意見，以免冒犯他人。

花上半晌時間也做不完，更甭說和每一位員工的交流了。

身處大公司，組織龐大、部門眾多，不同部門的員工除非有特別的機緣，否則幾乎可以說是互不相識、互不相干。就連同一個部門，也會因為人數過多，工作了半年一年，仍舊有從未說過話的同事。我分發到的部門一共還分為三個課，每一個課都有近百名員工，光是記住同一課同事的姓名就費了好大一番功夫。

剛分發進來，由前輩帶領在職訓練時，前輩除了指導業務，同時也印了一份組織圖，建議我在工作中或是辦公室內遇到初次見面的人就主動自我介紹，讓對方認識自己，同時也認識對方，每和一個人打過招呼，就在組織圖上對名字畫線，隨時掌握尚未打過招呼的人。

剛開始，要把上百個人名和臉蛋兜在一起是個考驗，記住每一位前輩們的姓名念法也是一件難事。以前曾在日劇上聽過的姓名，例如田中、山田等等倒是容易，但大多數是從未聽過的姓名，尤其一些特殊的姓氏，在記住對方姓名之前，還得先學會怎麼唸。

有時候人手短缺，班表有些調動難免會跟其他課的人一起上班，因此除了同一課的上百名同事以外，還有其餘兩個課的數百名同事的

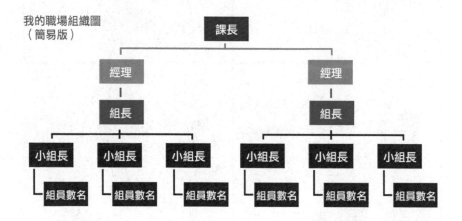

我的職場組織圖（簡易版）

姓名等著我去記，有時候雖然面孔熟悉，卻從未打過招呼不知道該如何稱呼，只能心虛地喊「すみません……」，或是偷偷地向附近的同期們打聽前輩的姓名。

公司大、組織龐雜，光是熟悉自己部門的人就得花好長一段時間，更別說認識其他部門的人。除了自己要熟記前輩們的名字，以免喊不出名字失了禮節以外，也得努力讓

菜鳥嘛原狼～

透過漫畫看職場

前輩們認識自己。剛進入職場時，前輩們都會提醒一年目的新人們主動和前輩打招呼，反反覆覆地向前輩自我介紹、主動報名字，直到前輩記住你。因為前輩若記不住你，業務上就不會記得多所關照、指導，倒頭來吃虧、吃苦的便是自己。

因此，平時態度若比旁人積極一些，便會較早被前輩們記住；而平日表現平淡的人，則可能過了半年前輩們依然叫不出名字，只能喊「那個站在櫃檯旁邊的誰啊，過來一下。」

而我因為在同一課的新人中只有我一個外國人，身分相對較特別，很容易就被記住。多半打過一兩次招呼，前輩就喊得出我的名字。剛入社時因為前輩們都記得我，常常被指派工作，差事總比其他同期們多，一開始有點心理不平衡，但後來發現這倒是一件好事，畢竟差事做多了、做得好，前輩們對你的評價也會越來越高，更得前輩們的信賴，有什麼不懂的，前輩也會耐心指導。

⊙ 職場外的活動也是為自己加分的機會

要讓前輩認識你、多多關照你，除了在工作上力求表現以外，職場外也有很多「アピール」、表現的機會。

很多前輩都會建議新人踴躍參加聚餐，一則可以展現積極態度，二則飲み会上，酒精下肚催化氣氛，在非正式的場合這種較輕鬆的環境下，許多平日工作上說不出的話便能說出口，話匣子一聊開，也就跟前輩拉近了距離。

身邊有幾位同期，原先很怕一位嚴厲的前輩，和那位前輩共事時總是戰戰兢兢，但自從參加聚餐和那位前輩喝過幾杯後，跟前輩的關係拉近，工作起來也比以往順暢自然。

也因為這樣，對新人而言，職場內外都要維持工作模式，很多時候即便下了班、離開職場，聚餐喝酒卻也宛如業務的一部分。

⊙ 前輩晚輩、學長學姊

在公司裡，前輩和晚輩，其實類似學校裡學長姐的關係。只是這層前輩晚輩的人際關係，不如臺灣學長姊關係單純。在學校裡，學長姊和學弟妹多半沒有太大的距離，一起修課、一起討論報告並沒有太明顯的階級分別，一起用餐甚至出遊也是常有的事。

當然，在職場上依舊不乏感情好的前輩後輩，在這個職場待了兩年，我也遇到許多好相處、溫柔和善的前輩們，但不論對方多和氣、感情再好，晚輩對前輩的禮數依舊不得少。

> 我的同期姊妹們。

再熟悉、感情再好，前輩依舊是前輩，講起話來依舊得用敬體以示長幼之分，始終有一條無法跨越的界線。

也因為日本職場輩分階級分明，更凸顯了同期的重要性。

踏入職場前，便常聽人家說要好好珍惜同期，開始工作後便明白，同屆入社的同事們真的是最大的依靠。

業務上有不懂的，一定先問同期，有不會的也一定先找同期罩，工作上任何不順心的事，也只有同期才能給予最大的慰藉。

★★★ 貼心小建議

人際關係建立之必要性

在日本工作，工作做得好不如作人做得成功。日本是個重視群體的社會，個人表現優秀突出不見得會被讚許，因為他們認為「沒有人可以憑一己之力完成任務」。不論做什麼工作都需要團隊合作。在日本工作，作人比作事更重要。因此剛進公司時，工作做不好不要心灰意冷，多花點心思建立良好的人際關係絕對有助於你未來的職涯之路。

⊙ 職場霸凌問題

很多朋友總會好奇，日本職場到底是不是如日劇上所演，會組小團體排擠、甚至欺負某些人，或是有前輩欺壓晚輩的霸凌事件。

在我正式踏入職場前，也曾經擔心如果遇到霸凌事件該怎麼辦、會不會被同事欺負排擠。好在我很幸運，職場的前輩們嚴厲歸嚴厲，卻不至於無故欺壓後輩，待了兩年，未曾遭遇也未曾聽聞過霸凌事件。

只是，親身體驗過日本職場文化後，卻也明白所謂的職場霸凌絕對不是都市傳說，在某些角落，必定是真實發生的問題。

2010 年日本有部以職場霸凌為主題的日劇，劇中女主角一進公司就被前輩欺壓，替前輩背黑鍋，向同事們解釋做錯事的人並不是她，卻沒有人相信。類似的情形，或許沒有這麼嚴重，卻也不時在職場中上演。然而，電視劇中演的是前輩故意栽贓給晚輩，我實際在職場上看到的卻只是偶然，並非有意。例如，業務有缺失時追究責任，主管還沒細問，年資低的晚輩就會先舉手認錯。這並不是前輩欺壓晚輩，並非連續劇中所演的霸凌問題，而是源自於日本人根深蒂固的觀念：「我年資短、經驗少，做錯事的可能性本來就比較大，歸咎起責任，自然是我最需要檢討。」

這樣的現象，看在我這個外國人眼裡，有些荒謬、不合理，但真要說這就是所謂的職場霸凌現象，似乎又不太正確。

或許戲劇中上演的情節有些誇大，而我也很幸運地未遭遇到職場霸凌，但我相信這樣的問題確實存在，尤其是在日本這樣一個毫無條件地以前輩為重、以長輩為尊的社會。

💬 日本服務業的辛酸

我的這份正職工作經歷，跟絕大多數人相比，算是比較「不正常」的。身邊在日工作的前輩們都是一般上班族，朝九晚五，周一至周五進辦公室寫企劃、做研究、拉業務等等。

我則是一入社先被分發至第一線在櫃檯招呼客人，就這樣踏入了服務業。

雖然留學時期也曾打工做過餐廳的場務人員、站過百貨公司的櫃台協助銷售，也曾擔任活動的周邊商品銷售員，並非第一次接觸服務業；然而打工和正職工作終究有所不同，做了這份工作後，才深深體會了日本服務業的各種辛苦。

⊙ 日本服務業的精神由內而外所生

　　日本服務業的素質全世界有目共睹，相信去過日本的人也必定對那禮貌舒適又完美周到的服務印象深刻。當觀光客，身為被服務的那一方，自然感到舒適愉悅；進入職場後，角色轉換，變成提供這些令人稱讚的服務者那一方，既費力又勞神，也更是敬佩日本人能夠如此貫徹服務精神，提供這般高品質的服務。

　　許多人至日本旅遊，總是誇讚日本服務業，也常常有人會好奇，那些態度究竟是怎麼訓練出來的？

　　每個服務員都如此客氣有禮，笑容常掛臉上，他們是表面功夫做得好，還是發自內心？

　　自己走過一遭日本服務業後才明白，日本服務業的態度是由內而外產生的，「以客為尊」是一種根深蒂固的觀念，即便在職前教育訓練也不需要多跟新進員工提點，他們自然而然就會將這份態度帶入工作。

　　當然，職場上後天的養成，也大大影響了態度的建立。日本服務業不只是對外要求「以客為尊」，於內對員工的要求也極高。最明顯的一點即是穿著打扮有著比一般上班族更高、更嚴謹的標準，例如瀏海不能過長遮擋眉眼、頭髮過肩一定要梳髻且毛髮過於毛躁必須加以髮夾或是噴定型液保持整潔感。我的公司很注重整潔感與門面形象，除了嚴格要求髮妝保有乾淨清爽感，甚至希望員工除非有特殊狀況，否則一律不得配戴眼鏡，若真要配戴眼鏡，也以設計簡約的無框眼鏡為佳。就連隨身帶的筆，也曾因為筆桿上有花樣，而被前輩指責太過花俏，不適合在櫃檯使用。

　　而每天上班雖沒有專人一一檢查所有人的儀容，但同事間總會彼此督促，看到有人衣服扣子少扣一顆、領子沒翻好、頭髮沒綁好便會

提醒一聲。有一次下班後，我在更衣室整理儀容，換下隱形眼鏡正要走出化妝間被一名不認識的前輩叫住。她對我說：「不好意思，我跟你不同課，或許你們那組前輩對服裝儀容比較寬鬆，但不曉得你知不知道你戴的那副眼鏡其實不適合站出去櫃檯？」她的語氣相當婉轉，但我心底默默覺得她有些多管閒事。我知道工作時不適合戴眼鏡，而我實際上也沒有配戴眼鏡，只是下班後想讓眼睛休息，換下隱形眼鏡，好巧不巧被一名比較嚴苛的前輩撞見了。

事後跟臺灣友人講起這段故事，總是引來大夥兒不可思議以及憤恨不平的反應，直說「連戴眼鏡也不行？粗框眼鏡又如何，有影響服務品質嗎？」

有人聽了直呼太誇張，但這確實是發生在我身上的真實例子，也是日本服務業吹毛求疵的最佳例證之一。

菜鳥嘛係狼～

透過漫畫看職場

⊙ 接受負面情緒

　　從事服務業還有一件不為人知的辛苦：時常要接受負面情緒。

　　站在第一線接觸客人，客人有任何問題、任何不滿往往直接向我們宣洩。很多時候也許是別的環節出錯，並非我們這個部門的問題，身為第一線服務員，卻得代表公司傾聽客人的控訴。碰到理性的客人，我們能做的就是洗耳恭聽，並且誠摯地道歉；有時卻也會碰上較為激動的客人，遭受各種謾罵。

　　很多時候，我們其實都能理解客人的心情，也會試著站在客人的角度為他著想，但許多問題並非起因於我們部門，也不是我們所能應對的範疇，那種想幫忙、想解決問題卻又無能為力的無助感，遠遠勝過平白無故挨罵的無奈。

　　剛做這份工作時，碰上客訴總是很無奈，久而久之也會漸漸消磨最初那股服務熱誠。但開始熟悉業務後，一點一滴地學會應對方式，有時候雖不能解決問題，卻也能想到一些對策降低客人的不悅與不便。同時，也學會調適心態，誠心接受客人的批評指教，有錯、不足之處虛心改進，但是絕不把負面情緒帶回家影響自己。面對一些無能為力的事件，或是

有失理性的人事物，就當作是對自己心性的一種修鍊。

⊙ 輪班制的辛酸

從事服務業還有一樁旁人難明瞭的辛酸：生活作息和周遭人不一致。

當然，這一點並不限於日本，所有服務業都一樣，沒有周末、沒有國定假日，365天都要輪班，家人周末休假自己卻得上班，朋友黃金周放假出遊我卻得值班，朋友邀約總是難以參與，休假日想要出遊、吃飯也很難找得到朋友一起同行。

再加上我們的業務是24小時無休，除了上班日期是輪班制，上班時間也是24小時輪著排。

我們採用上四天休兩天的輪班制，四天當中又以兩天早班接兩天晚班為基調。所謂的早班，最早凌晨四點就要開始執勤，約莫凌晨兩點就要起床梳妝準備出門；而晚班則多半是從下午兩三點上到凌晨一兩點。每六天便一次早早晚晚的循環，一下起得很早一下睡得很晚，幾乎三天兩頭就要調一次時差，生理時鐘紊亂，也讓原本健康的我生了兩場大病。更別說每個月還會有一至三次的大夜班，從下午六點一直工作到隔天早上八點，中間雖有兩個小時的休息時間，每上完一次大夜班回家總是昏昏沉沉一整天。

這樣的日子，簡直是名副其實的披星戴月。有時候出門上班時天還沒亮，下班回家時天已暗下。尤其是作完大夜班回家時，在電車上總感嘆自己過的生活非常奇妙，周

> 24小時輪班的工作常常得披星戴月。通勤途中從車站望向外面的天空，太陽才準備要露臉。

> 我時常利用假日遊走日本各地，在日本最後一條清流的四萬十獨享壯麗風景（左），在北海道稚內欣賞落日美景（右）。

遭的人才正準備上班，我卻已經工作了 14 小時在下班回家的路上。

日夜顛倒的生活，對身體健康帶來很大的威脅，無疑是從事服務業最大的缺點。

當然，所有事情都不會只有壞處沒有好處。

好比說，雖然早晚班輪替上班時間不固定，傷身傷神，但如果妥善運用便能挪出許多個人時間。早班上班時間早，下班時間也早，有時回到家才下午兩三點，還有好幾個時辰可以做自己想做的事。晚班上班時間晚，下午四五點的班，我也時常利用上班前的時間看看書、寫寫部落格。可以自由運用的時間，遠比一般上班族來得多。朋友常常好奇：「同樣在上班，為什麼你可以有這麼多時間看書、寫網誌？」

而輪休制讓我難以跟朋友約會，導致大多數時間我都一個人旅遊、一個人上高級餐廳吃飯慰勞自己。一個人不免孤單，卻也試著享受一個人的自在與快樂，並且往往能避開周末、國定假日等人潮擁擠的時日，清靜地享受美景和美食，也算是一種因禍得福。

此外，從事輪班制的工作還有一項好處：幾乎沒有加班。常聽聞不少朋友受加班之苦，不僅工作到很晚還不能領加班費；而日本又是熱愛工作的民族，加班更是一種常態，總是聽在日工作的前輩說晚上八九點能下班簡直是天方夜譚，十點、十一點能回到家就要偷笑了。在這樣一個加班等同於必然的社會，我一個月加班時數卻平均不超過兩個小時。

因為職場採輪班制，24 小時都有一批工作人員待命，只要不是個人的專案業務，上班時間內作不完的工作，永遠可以留給下一批人處理。公司也提倡不加班政策，看到到了下班時間還在工作的員工，便會催促他下班，工作作不完就交接給辦公室其他人處理。因此工作兩年下來，我並未經歷加班之苦，總是能準時下班，也無須把業務帶回家，今日事今日畢，毫無包袱。

因此輪班制雖然辛苦，我卻是又愛又恨。每當因為種種辛苦而哀怨時，總提醒自己想起美好的一面，保持樂觀正面的心態。

★★★ 貼心小建議

異文化適應不容易，時時提醒同事你不是日本人

文化再相近、對日本再了解，若非從小在這個國家長大，終究還是有難以融入適應的時候。在日本工作意味著走入這個社會，順應與學習是必要的，但也可以試著提醒周遭的日本同事「我不是日本人」。不是要他們為你降低標準，而是提醒他們放慢腳步，給你一些時間學習、適應，請他們多多包容、指教那些「不像日本人」的地方。

> 偶爾在家自己動手做美食也是一種消遣。
上為檸檬雞柳條，下為漢堡排。

異地生活的辛苦

　　前面的篇章談了許多在日本職場工作的辛苦，職場文化差異適應、人際關係建立的問題等等，其實很多時候，「一個人獨自在異鄉打拼」的辛苦之下，適應那些我們所不習慣的文化、社會觀念所帶來的苦楚也會跟著被加深、放大。

　　這樣的心情，不要說同是隻身外國打拼的朋友們，相信那些離開家鄉獨自到其他城市求學、工作的朋友，都心有戚戚焉。

　　同事們常常會好奇問起我有沒有家人、親戚在日本，當我回答所有家人親戚都在臺灣，他們總是露出肅然起敬的神情說道：「你好厲害、好勇敢！一個人在異國打拼，如果是我一定作不到。」

　　我從小就很獨立，自從上了大學、至沖繩交換留學一年，初次嘗試了一個人的生活後，更養就了一身自立自強的個性。兩年留學生活下來，我早已習慣一個人打理自己生活起居、自己煮飯或是一個人上餐廳，一個人逛街購物、一個人遊山玩水。因此在日本工作的兩年，雖然家人親戚不在身旁難免寂寞，日常生活上倒也沒有任何不便，大多時候也是家人的擔憂大過我自身的孤獨。

只是，一個人在異鄉日子過久了，終究忍不住思念起家鄉、想念起家人。

當初兩次留學日本，家人總催促我寒假回臺灣，我卻是三推四推。媽媽失落地問：「你都不想家、不想我們喔？」而我總是回答，不過就短短一年而已，留學結束我就回臺灣了，又不是從此都住在日本不回去了。在臺灣都生活了二十多年，難得有這麼一個機會可以換個國家、換個城市生活，我都嫌出去探索、遊歷的日子不夠了，哪來時間和金錢讓我回臺灣一趟啊？

開始工作後，卻不出幾個月就開始盼著能請假回家的日子，盼啊盼的、盼了半年終於請到了五天連假返鄉。我大約一個月前就開始倒數日子，期待著從前留學時說什麼都不想花時間和金錢的返鄉行，手上握著機票準備登機時，看著電子看板上寫著「目的地：台北」，心中竟有股難以名狀的激動。明明只離家半年，那感覺卻像是兩、三年沒返鄉一般。

⊙ 少了好友的陪伴

每每同事問，我在日本有沒有親人，我都會告訴他們，家人和親戚都在臺灣，但好在在這邊還有很多朋友。

留學時認識的日本朋友、外國朋友，還有各種因緣際會之下結交的臺灣朋友，有的還在當留學生、有的已經在日本工作數年，甚至已結婚生子。

在日本沒有親戚和家人在側，但還是有許多朋友陪伴，不至於孤單。只是，和那群在臺灣的朋友們遙遙相隔，三不五時看著朋友們呼朋引伴招開同學會，我只能含淚拒

絕，藉由他們分享的合照了解老友們的近況。

雖然說現今網路發達，相隔兩地依舊能保持聯繫，但時日一忙疏於聯絡、再加上久未見面，生活圈不同少了交集，許多過去要好的姊妹們也漸漸退入甚少聯繫的名單裡，想起來也不禁感慨。當然，情誼不變的好朋友們自然還是有，只是平日裡若有任何開心的事、不愉快的事想要宣洩，卻不能像以往在臺灣時，拿起手機撥通電話就可以抒發，只能透過網路發訊息，許多時候等朋友們回信時，心情早已平復。

記得有一回生活上遇到很不開心的事，心情低落到谷底，走在回家的路上，我緊緊咬著牙根卻還是忍不住落下幾滴淚水。拿起手機，想要找個朋友抒發一番，卻不知道該找誰訴說才好。遇到這樣的情況，若是在臺灣，第一個除了打給家人、還可以打給幾個好姊妹，人在日本和親朋好友們隔了片大海，撥不了越洋電話，心頭上的情緒一時之間真不知如何宣洩。雖然在日本也有幾位要好的朋友，再親近終究還是擋著一道語言的隔閡。

⊙ 臺日就醫制度大不同

一個人在異鄉打拼雖然辛苦，但生活多采多姿不至於寂寞，只是每回

生病時仍會感到格外孤單無助。尤其日本醫院看病制度和臺灣大不相同，每上一次醫院，就充分感受到自己身為一個外來者的事實。

在日本工作的這兩年，找診所看過小病，也去過幾間醫院。過去留學和打工時期，偶爾感冒或是身體微恙，最多也是用從臺灣帶去的成藥應急，看病都是撐到回臺灣再看。一因在日本有語言障礙又不熟悉環境，真要上診所或醫院，也不知道該找哪一間；二因久聞日本醫療費用之貴，如非必要實在不想負擔龐大的醫藥開銷。只是，開始工作後無法說回臺灣就回去，長期定居在這兒即便開銷龐大，終究得倚靠當地資源。

走過幾間診所和醫院後，見識了以前從來不曾接觸過的一份社會層面，日本醫療制度和臺灣大不相同，其封閉性也時常令我困擾不已。

首先，要上日本醫院掛號看病，遠不如臺灣來得容易。

　　日本和臺灣一樣，有診所也有醫院，若是發燒感冒等小病，臺灣人會跑診所，但其他方面的疾病多半選擇到醫院掛號看診。日本並非如此，醫院不是病患想看診就能輕易掛號的地方，要掛號還得先拿上別家醫院或診所的「介紹信」。

　　這介紹信其實就是病歷表的一種，上面須由主治醫生填寫現階段的病症、治療方式、做過的檢查等等，好讓接收的醫院對病患有初步的認知。

　　記得第一次計畫去醫院看診時，並不知道「介紹信」的存在，天真地以為和臺灣一樣，帶著健保卡，填填初診資料就可以掛號。隨口和同事提起，才被同事告知沒有介紹信醫院通常不會輕易收病患，建議先到診所看診，如有需要診所醫生自然會為你介紹大醫院。

　　經同事這麼一說，上網一查才發現不少醫院確實明文表示只接受有介紹信的病患，有些醫院會註明如果沒有介紹信，必須額外支付初診費用，所費不貲（3000 ～ 6000 日圓不等）。為了找接受未持有介紹信病患的醫院，且所在地是我交通所能及之處，費了好一番功夫才覓得一間。

　　在日本定居生活，才知道日本醫院的看診制度原來如此封閉。

　　還有一回我發高燒渾身不舒服，睡了一覺，燒雖退了身子仍有不適，隔天一早便到常去的醫院，打算現場掛號，未料第一時間卻被該科門診小姐拒絕。小姐說，沒有介紹信不得現場掛號，我告訴小姐我今天雖然沒有介紹信但曾在該科看過診，

不算是初診病人，小姐卻說沒有介紹信要復診掛號只能事先電話預約，說什麼就是不讓我現場掛號。最後小姐請我到服務台諮詢，去了服務台則被告知我應該先去外頭的診所看病，請醫生寫介紹信，再來醫院。

　　一個推一個，怎麼樣就是不讓我看診。當下覺得好氣又委屈。

　　如果不是突然身體不適，我又怎麼會不曉得事先電話掛號預約呢？再者，我已經不舒服到差點要掛急診了，還要我先去診所看病拿介紹信？我真想告訴護士小姐，如果我有精力去找間診所看病，我就不用來醫院報到了。何況過去我已在這家醫院、同一科門診看過病，他們有著我過去的血液、X 光、斷層掃描等影像報告，與其去外頭診所從零看起，不如直接在這兒複診妥當又有效率多了。

　　跟服務台小姐三番兩次解釋之下，小姐查閱了我的看診紀錄，又聽我表明身體極度不適，實在沒有時間預先掛號，才同意讓我現場掛號。

　　經歷過沒有介紹信而屢吃閉門羹的委屈，也嚐過拿著介紹信卻等了一個上午都不得醫生相見的苦。

　　那一次是拿著常去的日本醫院所寫的介紹信到某間大醫院，為了掛該科別中負有盛名的醫生門診。由於是知名大醫院，光是填寫初診資料又排隊等號等了半小時以上。而這只是一個開始。

　　初診資料建完檔後，被指引到該科別，足足等了一個上午都還沒有得到醫生准許掛號的回覆。直到接近中午，才總算被告知可以掛號看診，但上午的診已經結束，只能排到下午。

　　我一大早九點就出門，等看完診出了醫院已經下午三四點。

　　當然，在臺灣大醫院名醫師的門診也是一號難求，但日本這般程序繁瑣、規定嚴苛，沒有別的醫院診所的介紹不輕易接收病患，只為了一個掛號許可都要等待一上午，每次到新的醫院就診都是一番折騰。雖然明白這樣的規制可以保障醫療品質，不會造成人民濫用醫療資源，但生理憔悴的狀態下碰上如此不便民、不友善的程序，不免令人感到無力、無助。

　　一個人在異鄉打拼，辛不辛苦？其實工作本身的辛酸倒是小事，但生病虛弱時，獨自一個人找診所醫院，一會兒被屢屢拒絕，一會兒又要承受漫長的等待，嚐到這等辛酸才是讓我最想家的時刻。

⊙ 滿員電車

在日本生活還有一個最讓我頭痛的現象：「滿員電車」。

每天早上七八點通勤上學的尖峰時間，各條路線的電車總是被上班族與學生塞得滿滿滿。相信沒見識過滿員電車的人，也一定聽過站員們為了讓更多人搭上車，甚至會站在車廂外將乘客「推擠」上車。這樣的景象，在首都圈尤其劇烈。

而乘客們為了準時抵達公司，也各個使出渾身解數擠上電車。平日先禮後讓、禮貌客氣的日本人在此刻蕩然消失，車廂門一打開，下車的下車、上車的上車，每個人都橫衝直撞，完全不顧身旁的人。若是不習慣日本人通勤通學時的步調，一不留神，很容易就被來來去去的人推擠追撞，當你回過神來，已經跟著人群擠在電車裡。偶爾被撞到手腳瘀青，都是有的事。夏天悶熱時，在電車裡擠成沙丁魚更是一大酷刑。

而那些車門一打開就不顧一切衝進車廂，只為了搶奪一個座位的上班族，總是讓我反感不已。在上下班的巔峰時間，日本人沒有多餘的心力去禮讓，西裝筆挺的上班族坐在椅子上打盹，年邁的老婦或帶著小孩的媽媽、孕婦卻緊抓著吊環站在一旁，沒有人搭理、讓座。

　　每經歷一次滿員電車的災難，都讓我更加厭惡日本一分。好在我是輪班制，兩年下來上下班時間幾乎都避開尖峰時刻，有幸遠離滿員電車的戰場。我也常常跟朋友半開玩笑地說，還好我不是一般的上班族，不然我可能待不到半年就因為受不了滿員電車而辭職回臺灣。

★★★ 貼心小建議

如何戰勝異鄉生活的孤單

在異鄉生活，思念家鄉的親朋好友在所難免。但不論是同樣在異鄉打拼的臺灣人也好，或是在日本結交到的日本朋友也罷，在海外生活一定要建立起新的生活圈，才不會無依無靠。

Chapter 05

日本職場
趣味見聞

💬 中文服務

在國外從事服務業,最開心的莫過於能幫助同鄉人。

我的工作有不少接觸外國人的機會,因此在這個職場,會第二外語的人只要在語言檢定考上通過某種程度的門檻,便可以申請外語徽章,例如法語、德語、韓語、中文等,減低英美語系以外的客人在語言上的不便。

有時候,對方沒注意到我的徽章,當我主動說出中文,有人會滿臉驚訝,以為我是日本人,頻頻讚嘆我的中文說得真流利;也有人看到「中文服務」四個字,便開心地湊上來東問西問,將我視作救星。

每當被臺灣同鄉誤誇「你中文說得很好」,我便會趕緊表明身分,讓他們知道我也是臺灣人。倒是有一回居然反過來被臺灣人誇讚:「你

日文説得真好。」這話通常是日本客人對我説的，突然被同鄉人稱讚外語好，頓時間有種立場相反的錯覺，也算是妙事一件。

有時看到臺灣人或大陸人需要協助，主管也會直接派我去支援，這之間也鬧出不少趣事。

有一次我被指派接待一組只會説中文的臺灣客人，未料一攀談竟全是台語，無奈我從小在都市長大，台語只會聽不會説，只能硬著頭皮用破爛的台語詞彙和婆婆雞同鴨講。

送走客人後，在一旁的同事頻頻感謝我的幫忙，並不時讚嘆我不愧是臺灣人，語言溝通無障礙。我卻只是尷尬地傻笑，畢竟日本人根本無從分辨我剛剛説的是台語不是中文，他們更是不懂我剛才可是費了好一番功夫才能勉強跟他們溝通。

又有一回同樣是接待一對臺灣老夫婦，我和他們説中文，他們半聽半懂盡回我台語，於是我只好搬出僅有的台語詞彙，盡力和他們溝通。老夫婦倆離去前，笑咪咪地很是開心，對我説道：「姑娘，謝謝你喔，你中文説得真好。」

我才知道，我這一口破爛台語可讓婆婆和爺爺以為我是日本人了。

身為臺灣人卻不能説得一口好台語，面對同鄉卻雞同鴨講，著實慚愧。有了這些令我汗顏的經驗後，為了避免以後再發生這樣困窘的事，

我便三不五時請媽媽教我幾句台語，即便無法說得溜，至少也能靠重要單句應急。（只是後來我還是只會破破爛爛的台語……）

💬 奇妙的際遇

不論是在北海道打工或是在東京的正職工作，對我而言，在日本用中文服務同鄉人一直是最大的樂趣。這當中，在異國碰上同鄉人而感到驚喜的佔絕大多數，卻也遇過一些從新聞、網路上聽聞過我的人，一見到我便先問：「你是 TOMOKO 嗎？」，倒讓我反過來驚訝不已。

尤其富良野打工期間，或許是拜新聞報導所賜，後半期臺灣旅客三個當中有一個見到我就問：「你是 TOMOKO 嗎？」還曾碰過一位旅客，從美瑛搭ノロッコ小火車來富良野轉乘富良野特快線回札幌，轉乘原本是不需要出站的，他卻利用轉車的十數分鐘，衝出月台，特地來和我打聲招呼、合影。他說：「我跟妳同一所大學的，前幾天在札幌自助旅行聽人家談到有個臺灣人在富良野服務，就想說一定要來跟你說聲嗨，給妳加油打氣一下。學妹，加油！」

家人聽說了這段小插曲後，都紛紛笑說，這下 TOMOKO 也變成富良野的一個景點了。

在北海道打工期間，認出我或一出車站就問「TOMOKO 是哪一位」的旅客，全都是臺灣人；但有

> 上工頭幾天就來和我相認、為我打氣的新婚夫妻檔。

一回，一位香港來的可愛女生，竟也透過網路尋到我的部落格，在富良野與我相認。她告訴我，出發前總是每天關注我的部落格，隨時參考我提供的資訊策劃這趟旅程，所以抵達富良野的第一件事便是來跟我打聲招呼。這個有趣的小插曲，讓我深深感受到網路的無遠弗屆。

⊙ 國民外交

在日本工作，除了用中文服務同鄉人，我也不時做起「國民外交」。儘管臺灣和日本地理位置接近，淵源深遠，仍舊有不少日本人分不清楚「Taiwan」和「Thailand」的差別，或是把中國和臺灣混為一談。每一次遇上這些「搞不清楚狀況」的日本人，我都會趁機機會教育，告訴他們我來自臺灣，臺灣和中國大陸有何不同。有時候同事會不經意地稱臺灣遊客為「那些中國籍的旅客」，我都會不厭其煩地指正，告訴他們臺灣人不等於中國人，可別讓臺灣人聽到喔，有些人可是會生氣的呢。

> 來自香港的可愛女孩與聽聞富良野有臺灣人在打工，特地來找我照相的臺灣遊客。

身處異鄉，從留學到打工、正職工作，常覺得某種程度上自己就像是個小小外交大使。

不論是在北海道打工時也好，在東京工作時也罷，我常常驕傲地說：「我來自臺灣。我是臺灣人。」

打工度假期間，在富良野車站作導覽和翻譯，除了服務華語圈遊客以外，不少歐美人士也會來諮詢。每當我解說完，離去前他們總會忍不住驚嘆一句：「你的英文怎麼可以說得那麼好？」，或者好奇我是不是有留美經驗。這時候，我就會趕緊告訴他們：「我是臺灣人。」接著就看到他們恍然大悟的神情。

有一回一對歐洲夫婦訊問了我許多問題，隔天一早在車站又遇見他們，那位先生忍不住走過來問我有沒有在國外留學過。我回答他，我沒有在歐美國家留學過，不過我是臺灣來的。他便笑著說：「我就知道。我太太昨天就說你要嘛就是在國外留學過，要嘛就不是日本人。你的發音很標準，沒有日本人說英文的腔調。」

反過來，有時候則是會引起日本人的好奇。譬如說在櫃檯幫客人服務時，有些日本人注意到我的名牌，會好奇地問上一句：「你是日本人嗎？」也有的人看見我胸前「中文服務」的徽章，會直接問我是不是中國人。這時候我都會笑著自我介紹，告訴他們我來自臺灣。

大多數日本人第一時間的反應都是：「哇，你日文說得很好。」偶爾碰上學過中文的日本人，他們還會秀上幾句中文，用中文自我介紹，然後問我他們發音是否標準、

> 在沖繩留學期間，留學生中心安排來自不同國家的留學生至小學校與小學生交流，與他們分享自己國家的文化風俗。我介紹了台北 101，還介紹臺灣享譽國際的美食，雖然不知道他們聽懂多少，但小學生們都非常專注認真。

說得是否正確。在北海道打工時，甚至有不少日本人會多攀談幾句，得知我來自臺灣，便興奮地跟我分享他曾去過臺灣哪些地方，食物有多好吃，印象有多麼地好。而若是碰上未曾到過臺灣的日本人，我總不忘大力地推銷臺灣的好，趁機作作國民外交。

💬 GOOD JOB CARD

日文有個詞彙叫「やりがい」，談起工作日本人常論「仕事のやりがい」，講的其實就是工作價值、成就感。前面雖有不少篇幅大吐苦水，分享在日本工作的辛酸苦楚，其實不論在哪個國家、做什麼樣的工作，必定都有各種不為人知的辛苦。

在這些辛酸苦楚之中要繼續維持對工作的熱誠，最重要的莫過於找到工作的價值。而工作的價值，自然主要來自個人內心的感受，像是完成一個案子的成就感、或是做好出色簡報的滿足感，但來自外在的肯定也是很重要的一環。

我的公司有一個很值得其他企業學習、推廣的文化—以小卡讚許、肯定同事的「褒獎文化」。

不見得要作什麼驚人的案子，或是銷售率創下幾年來的新高等「大事」才能讚揚，或許某位同事只是寫了一個小紙條提醒大家影印機雙面印刷容易卡紙、或許是看見同事對待客人特別用心，也或許只是偶然在茶水間看到某位同事很細心地把水漬擦乾，業務上的事、與業務

無關的事，不論大小，只要你覺得他做得很好，便可以寫一張「GOOD JOB CARD」稱讚他，作為一個小小的鼓勵。

　　沒有規則，沒有限制，只要看者有心就可以用一張小卡讚許對方的一個舉動。長幼尊卑也都無關，長官可以寫給下屬以茲鼓勵，後輩也可以讚揚前輩，不僅是表達敬仰也是一種學習。

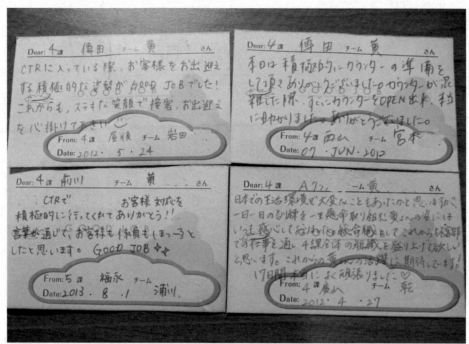

> 前輩們寫給我的 *GOOD JOB CARD*。

工作兩年下來，我也領了不少 GOOD JOB CARD。第一年時，主動協助前輩們的業務或是積極於份內工作上，都常常贏得前輩們的讚賞與鼓勵。例如讚揚我總是以親切的笑容應對客人，或是表揚我事先打理櫃台讓服務員可以順暢地迎接客人等等。進入第二年後，除了前輩們的讚許以外，也收到不少後輩們的小卡。其中大多數都是感謝我在他們困擾時耐心教導、或是在手忙腳亂之際適時協助。有一回，一位晚輩手中業務的最終文書處理還沒做完就被主管催促去接下一個業務，我在辦公室值勤，正巧當時手中的業務告一段落有十來分鐘的空閒時間，便二話不說接下她的業務，叫她放心去作下一件事，文書處理交給我即可。

當下她頻頻道謝，一開始甚至有點惶恐，深怕把事情交給前輩作有失禮儀。事後她特地寫了一張

> 沒有人寫 GOOD JOB 讚許也沒關係，出外旅遊時偶爾奢侈一下，犒賞自己。
去佐賀縣旅遊 時，享用了 3200 日圓的上等黑毛和牛套餐。

GOOD JOB CARD 給我，感謝我伸出援手，並寫著：「我以後也要向您學習，能夠體察他人、主動給予協助。」對我而言，這只是利用空檔時間的舉手之勞，實在沒有什麼，但後輩們這麼說著實窩心，也讓我覺得這樣互相言謝讚許、互相扶持的職場，真的很棒。

而 GOOD JOB CARD 雖然純粹是寫者的一番心意，收取多寡並不影響考績，但我的職場每個月都會統計 GOOD JOB CARD 的領收和發行數量，公開表揚整個部門裡領最多讚許卡的前三名同事。同時，也會公布發行最多 GOOD JOB CARD 的人，活絡褒獎風氣，激勵同仁們時時留心他人的好處，彼此多多鼓勵。這不僅是一種正面能量，也是一個得宜的刺激，相當有助於營造職場氣氛。

剛踏入職場的頭一個月，我領到了 7 張小卡，和第三名的同事僅有一張之差。雖然名字未能上榜、受公開表揚，多位前

輩們給予的肯定依舊是一大鼓舞。後來三不五時都會接獲前輩、同事們的 GOOD JOB 讚許，始終沒有攀上榜單，尤其進入二年目後，所有同仁的注意力幾乎都往新入社員身上去，新入社員們動輒拿十多張的讚許小卡，相比之下一個月三五張的小卡，也算不上什麼了。未料，入社第二年的第五個月，我竟然擊敗了備受關注的新入社員們，一個月內收到 11 張讚揚卡，首次登上 GOOD JOB CARD 第一名的寶座。心中的歡喜，難以言喻。

　　雖然多拿幾張 GOOD JOB CARD，主管不會加薪、考績也不會加分，而平日工作也不是為了得到人讚許才積極努力，但是每一次收到小小一張卡片、簡短的幾句話，知道自己的努力不論再微小總是有人看著，不免多感到幾分欣慰，日後工作也更加起勁賣力。

　　當然，有些時候明明努力作了很多事情，同樣的狀況總是有些人會接獲 GOOD JOB CARD 的讚許，我卻沒有收到半張小卡，不免會小小沮喪、難過。但後來也學著安慰自己，凡事只求自己盡力做好，有沒有他人的讚揚和肯定只是其次。只要自己肯定自己，便已足夠。於是，偶爾作上一些自認值得讚許的「GOOD JOB」，我便會買些小東西、或是吃頓美食來慰勞自己。

　　在職場推動褒獎風氣的大環境之下，不禁工作起來多了一分愉悅與動力，也幫助我找到了許多「仕事のやりがい」。

💬 INNOVATION FOR CUSTOMER

　　日本服務業普遍有高度服務精神，對待客人極度禮遇，我的公司也不例外。我的職場甚至還推行一個名為「INNOVATION FOR CUSTOMER」（簡稱 IFC）的政策，鼓勵員工時時站在顧客的立場，因應各種情況，為顧客作出當下最妥善的決定，為客人創造快樂與滿足感。

　　工作邁入第二年後逐漸熟悉業務，當眼前的客人有所求、有困擾時，開始會去想能夠為他提供什麼替代方案，將他的困擾減到最低。

　　一年目時，周遭的前輩三不五時提點我們要時時站在顧客角度，

落實 IFC 政策。當時的我多半是力不從心，光是作好本份工作不出差錯就已費盡心思，根本無暇顧及。但進入第二年後，也許是業務熟了、見識廣了，開始有心力去思考，接二連三作了不少 IFC 的實例，最多的時候，一個月就實行了六件，主管和上司也紛紛肯定我的用心，稱讚我為同事們塑造了很好的榜樣。

其中印象最深刻的是有一回上司派我去接應一位從臺灣來的國中小女生，她一個人搭飛機來拜訪住在東京的阿姨，預計在日本度過她的暑假。我一邊陪她等待阿姨來接她，一邊和她聊天打發時間。

她偶爾抓抓我的衣袖，問：「姐姐，這邊有 WIFI 嗎？」一會兒瞧見我胸前的名牌，指著我的名字問：

「姐姐，你是臺灣人嗎？」，後來甚至拿起相機要跟我合照。

目送她們離去前，我隨口問了小女孩回臺灣的日子，發現正巧當天也是出勤日，便說：「說不定你離開日本時我們還會再碰到喔！」

兩個多禮拜後，果然再次碰到她。我預先寫了一張小卡片，附上一些小糖果、小文具，包成一份小禮物。未料一個多小時過後，我在辦公室做庶務工作時，櫃檯打電話來通知有一組客人說想要見我。一出去只見小女孩提著一盒餅乾，她的阿姨直說感謝我幫了那麼多忙，還準備了小禮物給妹妹，她們說什麼也要回禮。

回到辦公室仔細一看，發現小女孩在袋子和盒子上寫了「謝謝你，

黃姐姐」。簡短的六個字卻讓我驚喜萬分。我只有在她抵達日本那一天，給她看過一次我的名牌，沒想到她竟然一直記著。

雖然只是一個小小的互動，卻充滿了溫馨。事後我也在小組會議中和組員們分享這可愛的插曲，大家聽了都十分感動。

還有一次，上司安排我接待一位來自大陸八十多歲的婆婆，見婆婆一個人孤零零地，工作之餘得空時我便陪她說說話，指引她在附近的商店逛逛。看著她遊走在商店間，想著她一個人回鄉的路途上應該也會很無聊吧，一邊問自己，如果是我的外婆，她會想要什麼呢？思考了一番，回辦公室申請經費，到超商買了一盒長崎小蛋糕，讓婆婆帶上飛機吃。

一開始婆婆客氣地再三推辭。我說，我已經買了，婆婆就收下吧。送她離開時，婆婆滿臉笑容，始終抓著我的手臂捨不得放開，最後甚至主動抱了我一下，滿面歡喜地離去。

這些雖然都是微不足道的小插曲，甚至與業務毫無關聯，但每每回顧在日本工作的日子，這些與客人的小小互動，總是最能令我會心一笑的回憶。

公司多采多姿的餘興活動

臺灣公司內部全年度最大的活動大概就屬尾牙。日本也有尾牙，日文叫做「忘年会」，同樣也屬年度最重大的活動，其他還有各種大大小小的「行事」，依每間公司文化、屬性不同而有所差異。在日本工作兩年，身歷這些大小活動，倒也充分感受到過去留學和打工時從未見識過日本人工作之餘的活力和趣味。

首先，最盛大的忘年會。每年年末時舉辦餐聚慰勞員工，同仁間把酒言歡，享用佳餚美酒和欣賞表演活動，在一年即將結束之際將過去這一年的苦勞都忘卻，所以叫做「忘年會」。忘年會和臺灣尾牙很相似，都是吃飯聚餐、喝酒，有些公司也會有抽獎活動，只不過年資較淺的新人往往沒有抽獎的份，尤其是大公司，員工眾多提供的獎品有限，資淺的員工便直接被排除在抽獎名單外，只能為幸運領到獎的前輩們拍手喝采。此外，新人也得挑起主持活動、表演節目、娛樂大夥的角色，舉凡男扮女裝、男同事穿水手服大跳 AKB48 的樂曲，或是名人模仿秀等等，無一不使出渾身

解數。在餘興節目上下的苦心，日本和臺灣或許有著異曲同工之妙，但臺灣某些企業尾牙時砸重金邀請藝人串場取代員工表演，看在日本人眼裡則算是罕見現象。

臺灣尾牙，公司慰勞員工的意識較濃厚，在日本，忘年會的重點則是同事齊聚，在杯酒交錯間談笑、忘卻過去一年度的不順心，迎向新的一年。

除了忘年會以外其他也有許多配合節慶的活動、派對。例如，我有位朋友的公司每年都會舉辦聖誕派對，在飯店或是 PUB 租借場地，每年設立不同主題，邀請員工以各種別出心裁的裝扮共赴變裝大會。這些活動就像是我們大學時代舉辦的派對。

另外，每批新人剛入社的時節必定會有「迎新會」，一群老前輩要退休也有「歡送會」。在我的職場，暑假是旺季繁忙期，所以夏天一過，還會有「多客期慰勞會」。

我相信不同公司、職場，都有著各種不同名目的大小會，畢竟日本人最愛以各種名堂招集同事喝酒聚餐了。

規模大一些的公司還會舉辦運動會等競技類活動，不同部門或不同分店各組一隊，齊聚一堂競賽爭高低。我在 JR 北海道

> 北海道夢幻打工時，多客期結束後 JR 站員們籌辦烤肉大會。

> 北海道夢幻打工期間我們也跟著 JR 站員參加年度大慶典「肚臍祭」，他們還拿下了優等獎。

打工時，就曾聽聞他們去參加全日本 JR 棒球賽，來自日本各地的 JR 員工各組一隊較勁。

不舉辦運動會，公司內部也會有各種競賽。例如我們櫃台服務員便有以服務的專業度及技術純熟度為評分標準的スキルコンテスト（SKILL CONTEST）。首先要通過職場內部的考核，才能代表職場和其他東京分店代表爭奪優勝，勝者再與其他區域、分店的優勝者角逐全國冠軍。得到冠軍，不僅是對員工自身的一大肯定，對該分店而言也是極高的榮耀。因此總決賽時，不少同事會特地前去觀戰、打氣。同一組的組員甚至會在不影響工作的範疇內調整班表，特地抽出一兩個小時，就為了前往競賽會場幫組員加油。這類競賽不僅能提升員工的技巧與專業，還能增強同仁間的凝聚力，算是很有意義的活動。

不過，兩年下來，最令我印象深刻的倒不是這些熱鬧盛大的活動，而是一些僅在職場內部小規模實行的小小活動。

記得剛入社時，第一次迎來暑假旺季繁忙期，某天一如往常地到簡報區參加朝會時，發現簡報白板旁竟放置了一個透明飲料櫃，裡面擺滿各種飲料。一問之下才知道這是總公司送來的慰勞品，慰勞我們這些在第一線賣力的員工。

第二年則送來大大的冰櫃，裡頭塞滿了消暑的冰棒，傳統的西瓜冰、巧

暑い夏を乗り切ろう！

克力雪糕、甜筒、紅豆雪糕、抹茶雪糕等等，應有盡有。那陣子每天大夥兒去吃午餐前都會繞到冰櫃挑上一支不同口味的冰棒，吃完了，隨時有某群人（可想而知，是主管們）補貨，這宛如聚寶盆般的冰櫃擺了一個禮拜以上。工作時，不論再熱再辛苦，只要想到等等就可以品嘗到清涼消暑的冰棒，就可以維持最美好的笑容服務每位客人。

除此之外，隔壁部門的人每年夏天八月底都會挑出三天，邀請部門員工吃免費的刨冰，並且熱情地邀請我們有空也可以共襄盛舉。日本的刨冰沒有臺灣這麼花俏豐盛，加水果又加紅豆綠豆粉圓芋圓等

等，只是在雪花冰淇上五彩的糖霜，但僅僅是如此同事們依舊個個滿心歡喜，早班結束後，便雀躍地呼朋引伴去要幾杯刨冰來消暑。

二年目時，有一陣子主管們還天天買大西瓜來，用大大的水箱加上冰塊冰鎮，空閒時間就撈起一顆削上幾片，吆喝在辦公室的同仁們來吃。這些事例，嚴格說起來也稱不上「活動」，卻是非常貼心、溫馨的小插曲。不僅為悶熱的日子解暑氣，也緩解無數工作忙碌的疲累。

夏季花巧思為員工消暑解悶，日本新年期間也有「お正月会」，由課長、經理策畫舉辦。

這個活動和其他不同之處在於這並非由員工企劃，而是從添購食材、準備器具到會場布置一切均由主管們主導，甚至連各道菜餚都是經理、課長們親自下廚料理。

雖然身在 365 天全年無休的服務業裡，新年假期無法和家人團聚得照常值班，不免有些埋怨，但在辦公室就能體會參加廟會的感覺，和同事們齊聚一堂，卻也有另一種新年團圓的氛圍，感染一些年節熱鬧的氣息。

這些大小活動，都成了我在日本工作的有趣插曲、美好回憶。

💬 同期是一輩子的！

在日本工作，心理、生理上都有許多難以言喻的負荷。在休假日出遊、找樂子，想辦法放鬆心情是一種出口，向朋友訴苦也是一種宣洩，但最大的支柱，終究是在同一個職場同甘共苦的同事們，尤其是同梯次進入公司而最親近的「同期」。

面對好姊妹、好朋友或許可以暢所欲言、無苦不談，但許多工作上的煩心事，最了解的還是作同一份工作的同事，尤其是在同一個環境裡一起打拼所發展出的革命情感，更是加深了同事間的情誼。

> 我的綜合職同梯們。

在臺灣，有部分人認為工作要和私生活完全切割，職場是上班工作的場所，不是交朋友的地方。但對大多數的日本人而言，工作佔了生活的大半，在職場和同事相處的時間遠大於家人，因此同事不只是同事，應當是可以信任、依賴、互相扶持的夥伴。我雖然只在日本職場待了兩年，回到臺灣後才驚覺和同期們的情感連結遠比想像中深厚許多。

回想在日本的日子，還可以細數出不少溫暖的回憶。好比説，從職前訓練起，三五同事們便常湊在一起念書，互相教對方不懂的地方，正式上線後，偶爾也會召開讀書會，考試前一起攤開講義猜題。身邊多了戰友朝著同一個方向努力，煩悶的苦讀也不再那麼煎熬。

還有，做錯事時被主管要求寫報告，同事們忙完手頭上的業務總是會過來關心、安慰一下，有時候甚至已經下班了還陪著我把報告寫完。由於我大學讀的不是日文系，在日本留學期間也不曾寫過長篇論文報告，對正式格式的日語書寫並不熟稔，剛開始寫報告總需要一位軍師在旁指導，寫完後都要先請同事幫我檢查文法有無錯誤、用詞是否妥當，才敢呈交給主管。每次同事耐心地陪著我總讓我非常感動，慶幸自己碰上一群在苦難時願意兩肋插刀的好同事。

不過，同事給予最大的支柱，並非在業務上的學習教導，也不是犯錯時的貼心安慰與鼓勵，而是在不順遂的時候，聽你吐苦水、甚至和你一起咒罵不愉快的人事物。繁重瑣碎的業務、難應付的案子、嚴苛的上司等等，這些都是好朋友們無法輕易了解，跟同事卻能馬上取得共識的話題。工作上的不愉快，能夠有一兩個同事傾訴，遠遠勝過了其他的抒發方式。

此外，在日本工作兩年，還有一點讓我感到非常貼心，有幾位交情好的同事在我身體不舒服時，常常主動伸出援手。除了言語的關心以及適時從旁協助以外，有時候同事甚至會自告奮勇地頂替我的工作。有一回我身體極不舒服，腹部漲痛外加反胃，同事見我狀況不佳，

正巧她當時沒有其他業務，便貼心地說要代替我去站櫃台。當下深深體驗到了「患難見真情」這句話的真諦，也再一次感嘆，能遇上如此義氣相挺、貼心的同事，真是我上一輩子修來的福氣。

正式踏入日本職場前，聽前輩分享過一句箴言：「**同期は一生のもの**」、同期是一輩子的。歷經兩年職場的洗禮再回到臺灣，脫離了過去的環境，才開始體會到這句話的真諦。

不論是那些一起苦讀練習、一起被前輩訓話的日子，還有茶餘飯後沈滯一氣地抱怨，或是在沮喪、不舒服的時候，靠著肩陪在身邊關心你的時光，在在都證明了，同事真的是職場上最大、最重要的支柱。而這些朝夕相處的同事們，只要你能找到一兩個不論快樂或苦難，都能和你分享共度，就真的是**一生のもの**，可以長久維持的友誼。

職場外的社交生活

談起在日本上班族下班後的生活，大多數人便會浮現日劇中常出現的幾個人坐在居酒屋（也有的是立ち飲み，站著吃飯喝酒），捧著啤酒杯大喊「乾杯」，以慰勞辛苦了一天的自己。於是，許多朋友總

> 北海道打工時期下班後 JR 站員們常相約吃飯、唱歌。

> 與同事們兩天一夜遊沖繩。

好奇地問我，日本人下班真的都會去居酒屋喝酒嗎？日本上班族下班、放假，都在做些什麼？

前面章節也提過，對多數日本人而言，和同事相處的時間遠比家人長，因此工作之餘，多半也會製造各種機會維持友好關係。除了最普遍的下班後小酌一杯、或是在暱稱為「花金（はなきん）」的星期五小周末晚上到居酒屋吃喝聊天，吃完又續攤到 KTV 邊唱邊喝酒、不醉不歸以外，也會在假日相約出遊。

進公司滿半年後，就曾和同一課的同梯相約去沖繩，來個兩天一夜小旅行。六個人合租一輛休旅車，在沖繩的濱海公路上奔馳，充分享受南國的夏日風情。

再加上我們這種輪班制的工作和大多數人放假日子都不同，要和好朋友相約出遊相對困難，和同事出外遊玩的機會較多，甚至除了同屆的同事以外，有些同事也會和感情好的前輩們出遊。

我在留學期間因為難得來日本一趟，希望多認識些日本人，因此都盡量製造機會和日本人相處，周末假日較常找日本朋友吃飯、出遊；開始工作後，心境反轉，共事的都是日本人、面對的客人也是日本人居多，平常和日本人朝夕共處

久了，難得的假日就會想找臺灣朋友出來，逃離夾在日本人之間、説日文的環境。

偶爾找找留學時期認識的朋友，吃吃飯、逛逛街；另外也有一群透過社群網路認識在日本工作的臺灣人，彼此不定期地相約吃飯，或是參加一些活動，在櫻花開的季節一起賞花（お花見おはなみ）等等。

只是，很可惜的，許多臺灣人好奇的日式聯誼「合コン」，我在日本的這幾年都沒有機會參與到，沒能體驗到日本上班族下班後的另一種樂趣。

不過在北海道打工時，倒是跟著 JR 年輕站員們體驗了不少日式的「夜生活」。其中最頻繁常見的就屬「飲み会」。好比説初到時為我們舉辦「歡迎會」、繁忙期尾聲為員工舉辦「慰勞會」、市區活動中心也會在盛夏時分舉辦「啤酒大會」、出席完夏季祭典還有「慶功宴」。當然，打工結束後，又會再為我們舉辦「送別會」。以上種種名目的大小會無非是日本上班族排遣壓力，吆喝同事飲酒作樂的最佳機會。

「飲み会」或許不稀奇，不用説上班族，從留學生時期就參加了不少。但在北海道打工時，到日式酒店「スナック」續攤卻是非常有趣的經驗。

像富良野這種鄉下地方，店家不多，不如大都市有五花八門的居酒屋，續攤十之八九是去「スナック」小酒店。説起酒店，過去只有在日劇上看過，總誤以為那是大人花天酒地的場所，第一次同事説要去スナック續攤，我還天真地問，我可以去嗎？我是女生耶。

去了才知道，スナック不過是另一種能一邊喝酒聊天的地方，只是不像居酒屋要點酒還要點菜，在スナック多半以飲酒為主，僅提供簡單的下酒小菜或零嘴，恰巧適合用餐過後的「二次会」。而大多數的スナック還會附設卡拉 OK，飲酒聊天之餘，也可以唱歌炒熱氣氛。

在大城市，同樣類型的「二次會」多半是選擇 KTV，因此拜富良野位處鄉下所賜，讓我有機會探訪過去只存在於日劇中的「酒店」，一窺日式夜生活。

⊙ 夢幻打工生活

與正職工作時期相比，在北海道打工度假反而是在工作和玩樂之間取得最好平衡的一段時期。短短兩個月的夢幻打工，每周只有一天休假日，但我走訪的景點以及每一趟旅遊的深度，也許遠勝過工作時期的兩個年頭。

打工度假，顧名思義，除了工作以外，觀光旅遊也是重要的一環。北海道占地廣大，要到各地遊玩搭乘電車時間動輒三四小時，因此在打工期間沒有機會跑到太遠的地方觀光，只能就近遊玩。也正因為如此，兩個月下來，我踏遍了富良野大大小小觀光地、拜訪美瑛數次，每一次都是短暫卻深入的旅遊。

打工度假和純觀光旅遊最大的不同處就是：多了許多在地導遊。

有些時候，在地朋友一邊帶我兜風欣賞風景，一邊介紹地方小故事或歷史。好比說有一次觀光協會大哥開車前往富田農場的路上，一邊向我細說富良野從默默無聞的小鎮到每年夏天湧入大批遊客的緣由。聽說，讓富良野大

> *左為位於美瑛山間小路裡的秘境——青池。右為美瑛的 KEN&MERRY 之木。*

> 富良野新王子飯店內的「森之時計咖啡館」和「風之花園」，皆是曾用於日劇場景的著名景點。

> 北海道狐狸（キタキツネ）為北海道的代表動物之一。毛色為淡咖啡、土色。屬於在北海道最容易遇見的野生動物。但近年來觀光客的隨意餵食，讓牠們生病、免疫力下降，也有不少北海道狐狸習慣了人類的餵食，為了討食物在馬路上行走，不小心被車撞死，在在威脅了牠們棲息。

> 為期兩個月的北海道夢幻打工結
束，在月台上與 JR 站員們和站長
合影留念。

翻身的契機是 JR 北海道還是國營鐵路的時代，年曆中採用了一張拍攝於富良野薰衣草田的照片，那讓人誤以為置身國外的花田美景，引起熱烈迴響，許多人紛紛詢問這個花田究竟在日本的哪裡，富良野的薰衣草花田也就這麼打起名號。之後日本著名國民連續劇，「來自北國」以富良野為拍攝背景，劇中美麗的鄉村田園景色更是讓富良野人氣扶搖直上。

也有的時候，多虧在地朋友讓我吃到內行人才知道的道地美食，找到便宜又美味的餐廳。更多的時候，托在地朋友的福，開車載我這個沒有駕照的人四處晃，得以去一些大眾運輸工具去不了的景點，例如被譽為美瑛九寨溝的「青池」。還有離開富良野前，到吹上溫泉泡湯，回程路上還在山間道路看見了北海道小狐狸。

這些工作之餘的觀光旅遊，不只成為了忙碌六天後最佳的休閒，也讓我回到工作崗位上時有更豐富、切實的資訊可以回饋給遊客。以打工的身分度假觀光，以觀光客的身分打工，無非是打工度假最迷人的一點。

Chapter 06

無可取代的
工作經歷

。留日、打工度假、到工作後的轉變
。我眼中的日本
。日本人的重要精神
。最大的資產
。寫在最後，給想去日本生活的你

💬 留日、打工度假、到工作後的轉變

2007 年初次在日本這個國家展開生活時，我不曾想過，五年後我竟會在這個國家工作、生根；更沒有料到，經歷了四種留日經驗，在日本生活了四年，我竟由只愛聽日本流行樂、只喜歡看日劇的哈日族，轉變成厭倦（偶爾受不了）日本，下班後只想說中文、聽日文以外的音樂、戲劇。

也許是首都快速的步調讓我沒時間停下來欣賞的寬裕心胸，也許，是東京人的冷漠削磨了我對日本的熱情與喜愛。

也許就像是戀愛中的冷淡期，不論原先對這個國家有多少喜愛，相處久了、生活長了，難免會走入這麼一段抱怨與挑剔大於單純喜愛的倦怠期。

雖然，偶爾我還是會看看最新的日劇（儘管有時你開始覺得某些情節安排似曾相識、老調重彈），對日本旅遊的熱衷度甚至有增無減，在職場上也結交了許多難能可貴的知己朋友。只是，對這個社會的失望與厭倦，再加上一些不可抗的私人因素，留日生涯即將邁入第五年之際，我決定離開日本、結束在日本的生活。

若問我後不後悔做這個決定，我的答案是否定的。只是，不可諱言地，多少有些遺憾。畢竟，在日本工作是多少人渴望卻沒機會嘗試的經驗，而我又是歷經千辛萬苦、過關斬將，才從上萬人之中脫穎而出取得這珍貴的工作機會。做出抉擇前，免不了一番掙扎。在日本知名大企業工作所賦予我的光環，日本企業完善而優渥的福利與勞資條件，在在都很難輕易割捨，但我還是勇敢地遞出了辭呈。

　　繞了一圈，終究還是自己的家鄉最好、最溫暖。

　　記得當初至沖繩交換留學，留學結束要離開沖繩時，我在那霸機場和朋友們道別哭紅了雙眼，飛機起飛後我更是一邊看著生活了一年的土地一邊止不住淚水。後來又屢屢以各種不同身分回到這個國家生活，多次進出日本，道別與重逢的戲碼反覆上演。一直到 2013 年，我拎著陪我度過四年生涯的家當行囊告別日本，飛機飛離羽田機場時，心中雖有一股惆悵，始終沒有再流下依依不捨的眼淚。

　　也許是因為我知道，或許在日生活就此畫下了句點，但這塊土地永遠會敞開雙臂歡迎我重遊，而我也有許多機會能與在這兒認識的朋友們聚首。在日本的生活與工作雖然很難乾脆放棄，但我知道，有嶄新的生活在我的故鄉等著我，而我滿心期許能將這四年在日本看到的、習得的妥善發揮，回饋給這個孕育我長大的社會。

💬 我眼中的日本

　　進入日本職場，和日本人共事兩年，雖然有許多難以言盡的酸甜苦辣，卻也從日本人身上學到了不少，尤其是他們的工作態度著實令人敬佩。

　　日本人的嚴謹度是出了名的，詢問問題，你絕對不可能得到模稜兩可的答案。

　　譬如去觀光案內所詢問火車班次，你可能只想知道下午是否還有車，但服務員會拿出時刻表，仔細地告訴你幾點幾分有一班，幾點幾分有另一班，而不是模糊地回答下午大概有兩三個班次。

　　嚴謹的民族性，讓他們不敢輕率地提供資訊。「大概」、「可能」這類的字詞幾乎可以說是服務業人員的禁句。雖說如此態度能讓客人掌握最確切、詳細的資訊，但有時也會因此無法「有效率地」得到有用的資訊而氣得跳腳。

　　有一次我在商店買沐浴用品，不巧常用的牌子缺貨，便詢問店員何時會補貨。店員愧歉地說，目前該產品斷貨，還在向廠商確認進貨期。我便進一步地問，請她給我一個大略的時期就好，我只是想做個參考，如果只有一兩周我可以等；如果要花上一兩個月，那我就得考

慮先買另一個牌子了。但不論我怎麼問，始終只換來一句：「何とも言えません」，無可奉告。

雖然可以理解他們如此嚴謹是怕說錯資訊反而害客人白跑一趟，屆時又落得「欺騙消費者」的臭名，但連個大概、粗估的日期都無法給我，以至於我完全無從安排，這樣嚴謹的態度偶爾也令我氣急敗壞。

其實我自己在工作上，也遭遇過因為回答不夠明確而惹來客人不滿。

當然，日本人不僅對客人嚴謹，面對自己的工作也是處處謹慎、認真。

回到臺灣工作後，我特別感受到這之間的落差。同樣是在第一線的服務人員，在日本時，我們都謹守崗位，不隨意走動、不會逮到沒客人就聚在一起聊天，就連洗手間也是真的有需要才會抓著沒客人時離開櫃台前去。因此回到臺灣，看見櫃台服務員或坐或站，空閒時湊在一起閒話家常，或在櫃台底下吃便當、沒有客人時拿起手機滑來滑去，諸如此類的光景著實給了我一番「文化衝擊」。

此外，日本人對程序、作業細節的高度要求更是讓我大開眼界。從日常作業中就可以看出他們對細節的注重，好比說迎接客人時，要先微微鞠躬再說歡迎光臨，把東西遞還給客人時也有一定的順序，就連黏貼資料也講求整齊劃一，一張張收據要沿著 A4 紙張貼齊，如果歪斜了一些就得撕下來重貼。

同在日本工作的臺灣友人曾說，這世界上恐怕沒有比日本更愛製作 SOP 的民族了。每一項作業都有一套 SOP，譬如教你如何管理報表、如何執行各類業務、如何應對客人等等。在我的辦公室，我見過最奇特的是連「如何列印文件」都有 SOP。

這些在在都反映了日本對程序的嚴謹以及對細節的高度要求。

⊙ 日本人守秩序、自肅精神

311 東日本大地震，不少臺灣人都對新聞畫面中日本人守秩序地排在電話亭前等待撥電話報平安的景象留下深刻印象。

日本是個自肅、自律的民族，即便沒有人指揮，他們也守規矩地排隊。這是一種深植於他們內在的精神。因為日本人從小就被教育，不可以給別人添麻煩，為別人帶來困擾。所以在公共場所，你鮮少看到他們喧嘩。

如同前面章節曾提過的，臺灣人到日本旅遊都會發現電車相當地安靜，其實車廂內只有貼著「携帯電話

はマナーモードに」的標語，要大家將手機關震動，並沒有「禁止喧嘩」的標語。但在車廂內輕聲細語，不喧嘩卻是不成文的規定，因為日本人時時抱著「不可給他人困擾」的心念，彼此牽制、規範。也因此，日本人常給外人一種壓抑的印象，其實井然有序的社會就是源自於他們這根深蒂固的觀念。

⊙ 日本服務業

　　日本服務業之好與禮數周到應當是享譽國際的。上百貨公司買件衣服，店員恭敬地把你送到專櫃出口再兩手奉上提袋，最後以滿面笑容鞠躬送客。嘴上不時掛著「謝謝」、「歡迎」、「期待您再次光臨」。

> 廚師雖然不接觸客人，卻也是用心的處理
> 每一道料理，把「おもてなし」加在食物裡。

　　他們多禮到讓許多外國客人不僅僅是受寵若驚，甚至是有
些惶恐。但你若轉身看看周遭的日本人，會看見他們泰然自若，
這些貼心到讓你覺得有些「超過」的服務對他們而言稀鬆平常。

　　當我自己也踏入了這一塊業界，成為這個圈子的其中一員，
我才明白，這不只是用「日本文化就是如此」，這麼簡單的一句
話就可以說完。「以客為尊」這個觀念已經深植在這個行業、這
個民族之間；對服務業人員來說，用最誠摯的態度接待客人、提
供最高品質的「おもてなし」，將服務做到盡善盡美，都是本分
內的事。雖然沒有任何明文規定、章程規範，職前訓練也不見得
會訓練你「如何以客為尊」，但從業人員都很明白，服務就是商
品的一部分。若沒有做好服務，也許商品照樣賣得出去，公司收
入也不會減少，但是身為服務人員的尊嚴不允許他們怠慢。

　　而其實這樣的精神，不僅僅存在於服務業，不論哪個行業，
日本人都對自己工作引以為榮，有著一分不容動搖的自重。

💬 日本人的重要精神

在日本服務業工作，雖有數不盡的辛酸苦楚，透過這份工作卻也練就了一口流暢、漂亮、有禮的日語，還有說話技巧、和他們那一套待客之道。

由於我從事的是服務業，不免須用上敬語、謙讓語、尊敬語，這些連日本人都不見得熟練的語體。在學校學日語時，我只學好了分清楚常體和敬體的場合。剛進入職場時，我的謙讓語、尊敬語並沒有說得很流暢，有時候一不小心會把「いらっしゃいます」講成「おります」，語意一下子由把客人捧得高高的尊敬語，變成下位者對上位者使用的謙讓語，立場顛倒，變成非常奇怪的日文。雖然不曾有客人因此而表示不悅，但不免被他們「多看幾眼」，也曾經被公司前輩笑說：「你日文雖然很好，可是有時候還是會講一些怪怪的日語。」

工作兩年下來，雖稱不上精通，但三種語體確實比一般人說得上手。有時候說得太習慣，甚至和朋友們講話一不小心就用了謙讓、尊敬語，惹得朋友嘲弄說「不愧是大公司的櫃台一姐」。

在國外生活久了，外語能力多半都會有所增進，但經過職場的調教，我所練就的不只是口說，日語寫作能力也增強不少。

舉凡撰寫報告或是常令外國人頭痛的商業書信,都由最初翻閱參考書、範例文一句一句費時推敲,到後來信手捻來,輕輕鬆鬆就能也出一份簡明扼要的報告,或是得體、禮貌的商業書信。

回臺灣工作後,在職訓練第二天就因為有異常狀況而必須寫報告以呈報日本總公司,我僅僅花了十來分鐘就將 600 ～ 700 字的簡報撰寫完畢。指導員外出辦事,回來後發現我竟然已經寫好報告,而且幾乎不需修改,忍不住讚嘆,並開玩笑地問:「你在日本時寫了多少報告啊?這一篇我寫的話可能要磨上一個小時,你居然只花十幾分鐘就完成!」

我似笑非笑,略感尷尬地回答她:「在日本『偶爾』會寫一些報告。」畢竟在日本時,寫報告都是做錯事出包時,實在不是什麼值得炫耀之事。

當然,我也沒料到,以前在凌晨加班時分含著淚寫的那些報告,竟不知不覺地培養出我日後的寫作能力,讓我日後進入日商公司寫報告書如魚得水。

⊙ 把在日本學到的服務熱誠帶回臺灣

在日本服務業工作兩年,我也漸漸受他們凡事以客為尊的禮賓之道渲染,應對處事時試著站在客人的角度,為客人著想。

回臺灣工作後,由於再次進入日商公司,我便不時將在日本習得的那一套融入日常工作。有一回遇到一位客人來電傾訴對於我們公司服務的失望,那位先生在通話過程中非常有禮,沒有大聲咆嘯、辱罵,也沒有無理取鬧,只是很理智地訴說他的遭遇。

由他的敘述可以得知,客人的不悅並非來自我們的過失;只是機緣不巧,前線的人員未能在第一時間為他服務,因而導致客人後續的不便與失望。

我耐心地傾聽並誠心地向他表達歉意,電話掛下前,他說:「小姐,我原本很失望、很生氣,但是你貼心的應對讓我覺得

那些損失和不愉快都不重要了，謝謝你。」他甚至說：「你是我碰過服務態度最好的客服人員。」

掛下電話後，我將原委說明給上司聽，向她請示後續的處理，同時也閃過一個念頭：製作手工卡片以表歉意。因為那位先生在電話中提過，金錢的賠償都不重要，他更在乎的是心情上的感受。

於是我向一同值班的前輩討論，她非常支持且欣賞我的小小心意，事後甚至寫了一張小卡讚揚我的用心，給予肯定與鼓勵。原先只是發揮在日本學到的精神，期盼能以一點小小的心意，帶給客人心靈上的慰藉。而在日本做的那些小小心意也從來不是為了聽到上司、前輩的讚揚，或是客人的感謝，只希望一張小小的卡片、一句簡單的慰問與關心，能讓他們寬心一些。

結果，在我寄出卡片兩個星期後，我收到了一封回函。上面寫著他的感謝與驚喜，直說如此細心的對應，都讓他決定下回若還有機會，我們公司的服務絕對是首選。而他原先打電話來投訴時，其實是抱著「失望透頂」的心情。日本服務業那一套禮賓之道，成功地讓臺灣人感受到一股直透心底的溫暖，這就是我所學到的日本服務業的魔法。

⊙ 海外生活經驗培養出多面向思考能力

綜觀在日本生活的這幾年，最大的成長莫過於多元經歷下培養出來的多面向思考能力，以及海外生活經驗帶給我的國際觀視野。

沖繩留學期間是我初次離開臺灣在日本生活，不時發現一些和臺灣不盡相同的事物，一開始總忍不住因為伴之而來的不便抱怨，好比說日本的 ATM 不是 365 天、24 小時全天候營運，假日突然要用錢卻沒得領的煩惱。也會發現一些弔詭

的東西，譬如說日本廁所有個叫做「音姬」的機器，會發出流水聲掩蓋如廁聲音。

日本和我們同屬亞洲國家，文化大致與臺灣相近，生活上不至於有太大的衝擊，但上述這類瑣碎的文化差異，不免讓初來乍到的外國人有些不知所措。

生活久了，卻也學著由不同角度思考，不再抱怨「為什麼跟臺灣不一樣」，而是問「為什麼日本是如此？」，嘗試去了解背後的原因並順應這些差異。

深入探討之後才明白日本 ATM 沒有 24 小時服務，有一部分的原因是為了防止深夜犯罪，保障人民的安全。而如果臨時有急需，許多便利商店內設的 ATM 亦可 24 小時提領（但得多花一些手續費）。

而所有事情也不是只有好與壞，日本的 ATM 雖無法 24 小時、全年 365 天使用，卻可以收受現金以供匯款，不需要有銀行提款卡就能輕鬆轉帳；亦可受理劃撥單，繳水電費、年會費無須排隊臨櫃處理；存款功能也很完善，不只鈔票就連銅板也能存。以上種種服務靠機器就可完成，不只省去臨櫃排隊的時間，也能節約部分手續費。擴大了思考角度，讓我看到事物的更多面向。

在國外生活，長期與外國人接觸，也給予我許多反思己身文化、認識外國文化習俗的機會。

不論是在工作或日常生活中，我時常思考在臺灣的狀況是如何，別的國家又是怎麼做，回到臺灣後也常常比較日本與臺灣的制度、社會秩序的差異，思考日本值得臺灣學習之處。海外生活，不只豐富了我的經驗，也讓我鍛鍊出「不要只用臺灣來看世界」的國際觀，時時提醒自己多面向的思考。

最大的資產

回顧這幾年在日本的生活，我想我獲得最大的資產便是「友誼」。

留學、打工度假、正職工作，每個階段都認識了許多人，結交了許多朋友。其中有許多直到現在都還保持聯絡，認識最久的屬沖繩留學時期，算算至今已經七八年，在某些巧妙的機緣下，我們甚至還持續在世界各個角落重逢相聚。

⊙ 打工度假讓我融入當地，結交在地人朋友

打工度假除了一邊打工賺錢、觀光玩樂以外，還有一大樂趣就是可以結交許多在地朋友。

> 相隔五年，沖繩留學期間結交的法國朋友
> Jeff 和我在日本重聚，共遊廣島。

> 因翻譯工作而和富良野拉麵店老闆締下交情。

一起共事的觀光協會大哥大姊，還有 JR 北海道的站長、站員們自然是交情最深的。打工期間不說，後來我在東大留學及就業時也曾回去探訪，第一次站長正值休假，熱情地開車帶我四處晃，欣賞銀白色的富良野，站員們下班後也為我聚集起來，一起去吃飯及重溫卡拉 OK。

重回富良野，就像是回到另一個家鄉。

除了共事過的同事以外，最讓我津津樂道的是因緣際會之下和一間拉麵店的老闆締下的交情。

在富良野觀光協會除了為遊客導覽以外，偶爾也會協助做些文書翻譯，其中幫忙翻譯的一項工作便是「富川ラーメン」的菜單。

某次下班後我特地繞去富川拉麵店，一邊看老闆下麵，一邊和老闆閒聊說我其實是幫他翻譯菜單的人。於是之後每次拜訪拉麵店，老闆都會從廚房探出頭來，熱情地招呼我，有時送上煎餃、有時送上哈密瓜作飯後水果，不忙的時候會與我寒暄兩句。打工結束後重回富良野，即便沒有時間去吃一碗拉麵，我也一定繞去和老闆打聲招呼，欣慰地是不管隔了幾年，老闆都還記得我。

　　短短兩個月的打工度假，卻讓我結交不少在地朋友，這些都是單純觀光旅行所無法締下的難得緣分，也是相當寶貴的回憶。

⊙ 誰說日本人只會表面客套，他們也可以很窩心

　　很多人總說日本人重表面功夫，待人都很客套，難交心。在日本生活的各個階段，我很幸運地，總是碰上一群願意真心待我的夥伴。

　　打工度假結束離開富良野時，JR 站員在月台歡送我，並在列車開駛的一刻舉著「TOMOKO さん、ありがとう」的大字報。看到他們如此用心的歡送我，既窩心又感動，我一邊笑著跟他們揮手，一邊忍不住流下淚水。

> 在日本工作時同組的前輩在我回到臺灣後特地組團來臺灣玩，順道與我相聚。

　　當時把這一幕分享在部落格上，網友紛紛大呼：「這大字報太感人了吧！好貼心！」

　　這一幕成了我永生難忘的回憶。

　　後來在東大留學期間，順利找到工作後我利用課餘時間承接短期打工，暑假期間接了一份為期兩個月的室外居酒屋外場服務員，多的時候一個禮拜上四五天班，從早到晚，久而久之，和一同打工的日本人產生患難交情。後來，我因為留學結束要歸國而提早退出打工，上工最後一天，他們居然還為我舉辦了小小的「結業式」。員工送上特製的紀念品，並附上寫滿大家祝福的紙卡。

　　不過只是一個短暫的打工，我和其他打工員一樣來來去去，他們卻花了心思為我餞別，完全出乎我意料之外。

　　往後每當工作上覺得疲累、低潮時，我偶爾會拿出這張卡片，讀讀他們給我的鼓勵與肯定，幫自己重拾信心和勇氣。

　　而正職工作的兩年所結交的朋友，自然是最深厚的。

> 留學期間打工夥伴們於
最後一天送給我的祝福。

> 職場同期們為我做的送別小卡。

> 回到臺灣後,和同事們依舊保持聯繫。

直到現在我回臺灣工作，仍舊保持聯絡，年節時互送賀卡，公事上遇到煩悶的事也會互相傾吐。再加上回臺灣的工作和在日本時的性質相近，我甚至會找日本的同事相談，諮詢一些建議。

更令我欣慰的是，除了和同梯們保持聯絡，同組的前輩也惦記著我，甚至共組旅行團到臺灣來玩，順道探望我。尤其是過去擔任我小組長的前輩，即便我已經辭職離開日本，依舊多所關照。看到我在臉書上提及工作遇到不愉快，會主動傳訊息關懷，適時地開導；知道我生病感冒，也會慰問。這些來自遠方的小小關懷總是讓我倍感窩心。

寫在最後，給想去日本生活的你

「TOMOKO，你覺得我應該去念語言學校，還是打工度假？」

前陣子朋友把我介紹給一個學妹，說是她計畫去日本，希望我能以過來人的身分給她一些建議。互換了聯絡資訊後，她問了我這個問題。我幫她做一些簡單的評估，分析兩者的利與弊，再附上個人的建議；但我並沒有給她明確的回答。打工度假還是留學？打工還是正職工作？這個問題其實沒有正確解答，而且答案因人而異。

這幾年，在日本留學、打工度假，再到正職工作，回顧自己的經歷又看看周遭同儕，我深刻地明白，真正重要的不是你選擇哪種生活，而是採取什麼態度面對生活。

一般而言，留學提供的是完整、紮實、標準的日語學習管道，打工度假則是社會體驗與融入當地的機會。但我也看過留學一兩年卻始終不敢開口說日語的學生，也聽說過難得的打工度假卻不敞開心胸接受異文化、認識在地人在地文化，僅僅日復一日的打工、生活，和在臺灣生活沒有兩樣。也有朋友短期留學一年日文進步程度遠勝在學四年的正式生。

因此，我總會告訴有意赴日的後輩，留學也好打工也好，能學到多少、收穫多寡，全取決於你抱持怎樣的態度，無所謂哪個比較好、哪個日文進步比較快。如果真要我以過來人的身分分析，留學、語言學校可以比較紮實地學習日文，有老師教導與提點，個性內向文靜、不擅社交，或是需要人鞭策

才會學習的人可能較適合留學；喜歡體驗多彩多姿的生活，想透過日常生活增進會話能力，一面學日語一面磨練社會技能者，也許可以嘗試打工度假。

至於正職工作呢？

在前面的章節中，我分享了許多甘苦談，解析許多外人常有的迷思，並非要戳破大家的美夢勸阻有意赴日發展的人，只是希望大家能

權衡優缺點，以更全面的角度面對在日工作的生活，不要只看到美好夢幻的一面。

⊙ 想在日本工作要先知道自己要的是什麼

不論留學、打工、工作，最重要的莫過於知道自己要的是什麼。

想精進日文，還是想學一技之長？想增長社會經驗，還是想要多采多姿的生活？

要在日本工作、扎根生活，不能只靠著「喜歡日本」這樣單薄的動機。否則工作壓力、職場適應、異文化衝擊等問題同時襲來，長久下來，單純的喜歡終有一天會被磨平。屆時，不僅曾經喜歡的日本會變得厭惡可憎，你可能也會開始問自己：「我為什麼會來日本？」

喜歡日本不能作為在日本工作的動機，只能是一個動力。除了喜歡之外，你想透過在日本工作得到什麼才是最重要的。

⊙ 撐過第一年就海闊天空

實際進入職場後，第一年無疑是最辛苦的。不只是所有事物從零學起，還有職場文化的學習與適應，

再加上「一年目」對日本人而言也是一個艱辛的包袱。時時刻刻要表現積極、有活力，公事、雜務事，凡事都要一馬當先地作，這個時期同時也是人際關係建立的基台，如何與同儕、前輩、上司打好關係都是重要的課題。

初進入日本社會，面對「一年目」這樣的身分，不只是異文化衝擊與適應的問題，更少不了許多的不解與反抗。這一年很難熬，可能讓你數度萌生辭退的念頭，但撐過去，便能開始享受工作的樂趣，並有餘力思考與計劃未來的職涯目標。

⊙ 面對異文化差異應虛心學習

要克服煩悶的工作和多重的壓力帶來的衝擊與不適，不應一味地抱怨或逃避。面對異文化差異不能老抱著「臺灣不是如此」的念頭。所謂入境隨俗，既然生活在日本，就要試著順應日本的文化。我們或許不用全盤接受，但面對一切都持肯定態度，虛心學習的態度卻很重

日本工作去！ 日本大手企業正社員応募採用情報

要。面對文化差異，不應該只是質疑為何跟自己的文化不同，而該試著了解背後的緣由。面對自己不懂的，不能以「不知者無罪」含糊，既已生活在日本就該認識他們的文化與習俗。畢竟，在日本工作和留學、打工度假不同，你不再只是個過客，而是屬於這個社會的一份子。

此外，進入職場前，也曾有一位日本前輩親切地給我一個忠告：「進入職場後，很多人可能會無形中把你當作日本人看待，忘記你不是日本人。看到你做得跟日本人不一樣時，忍不住在背後說你的不是。但是不要害怕，做不對就去學習正確的做法。然後，記得時時跟周遭的同事前輩表示你是外國人、不是日本人，對這些東西不了解，請他們多多見諒，並且看到不對的就請他們直接開口糾正。」

於是後來，不論是入社前的研修、入社後的教育訓練、受訓後的在職訓練、正式上線，每到一個新的環境，我就會開宗明義的表示，我是臺灣人，留日經驗只有兩年多，對日本了解很淺，如果有任何冒犯之處，希望大家諒解，並且希望大家可以耐心地指正我。

兩年下來，雖然在日本社會中奮鬥得很辛苦，背負著許多日本人沒有的無形壓力，竟也贏得了「新進社員中，反而就屬 TOMOKO 這個外國人最像日本人」的讚譽。

在在都讓我深刻體會正因為身處不同的社會、不同文化，更應該秉持虛心學習的態度，也唯有如此才能被接納，真正走入這個社會。

⊙ 勇於嘗試，追求豐富的人生經歷

因此，聽完我的分享，若問我：「究竟該不該去日本工作？」我的回答會是，如果你已做好準備，大膽地去吧！畢竟適應與否終究應人而異，我也有不少朋友習慣了日本職場後，自在得意，反而難以接受臺灣的職場，不願再回到臺灣。尤其，若是想利用在日本留學期間參加就職活動，我是大力鼓勵的。就活很辛苦，但也讓我學到了很多，找工作該有的態度、對業界和日本職場文化的認識，再到投履歷、面試的禮儀、訣竅等等，即便參加就活後並未決定留下來工作，努力過的也絕非白費，回臺灣仍舊受用。再者，日本就活講究程序，能利用留學期間找工作是難能可貴的機緣，錯過這次恐怕就再沒有機會，為了不讓自己後悔，試著走一遭絕非壞事！

Final Chapter / 後記

結婚、談戀愛需要衝動，工作亦然

　　日本人常把工作比喻為戀愛，求職的過程宛如尋找人生伴侶。在日本的這份工作，是我人生第一份職務，就像是初戀般的存在。

　　這個初戀對象雖然偶爾讓我沮喪氣餒，小吵架之類的衝撞也在所難免，但綜合來看，即便不是「高富帥」，至少也是個條件優等、值得託付終生的對象。想當初也是歷經一番心理掙扎才決心辭職回臺灣。

　　回臺灣後，在個人部落格上分享了一些在日本求職、就職的心得，有些網友告訴我，讀完文章之後她馬上打消去日本工作的念頭，有的人讀後心有戚戚焉，也有的網友提出質疑或反駁，直呼我把在日本工作這檔事描寫得太嚇人。甚至有人說，「你的公司是黑心企業吧?!」，這樣的「誤會」總叫我啼笑皆非。

　　最令我印象深刻的是，有位網友讀完我在部落格分享的職場甘苦談與我分享的感想，他說觀光、留學、打工度假，

不論你在日本待多久，對日本人來說你都是「客人」，但你若踏入職場，就是「嫁入」了這個社會。我覺得他為我的文章下了很貼切的註解。也正是我透過這些經驗分享所想傳遞的重要訊息。臺灣人普遍對海外工作抱著一種莫名的憧憬，加上近年來臺灣人對日本的接觸太頻繁，有些人每隔半年一年就要「回」日本旅遊，留學打工的機會也與日俱增，這些經驗多半為他們留下更美好的回憶，讓更多人加倍地嚮往在日本工作。日本確實是個秩序井然、安心舒適的國家，但那些美好的留日經驗，有沒有美化了你對赴日工作的想像呢？踏入職場所需調整的心態、走入日本社會所要面對的變化與考驗，你，準備好了嗎？

無疑地，天底下沒有一種工作是輕鬆不費力的，不論是在臺灣或是其他任何國家工作，必定都有甘有苦；每個人的適應狀況也各有不同。實際走入社會後，有些人受不了日本職場的高壓、有話不直說的潛規則，選擇離開；也有人適應了日本社會後，如魚得水，反而待不慣臺灣的職場。

在日本工作，究竟是甘、是苦，因人而異。

常常有網友問我：「TOMOKO，你覺得我該去日本工作嗎？」

我總是耐心地客觀分析利弊，但其實我很想回答：適不適合，只有你自己去體驗了才知道。

有人很擅長讀空氣，有人就是受不了拐彎抹角。什麼樣的生活最適合你，只有你自己清楚。

而我，以一個過來者身分，所能給予的，不過是一種角度、一種思考。

一個人在海外工作生活不容易，直率不扭捏的臺灣女孩要順應含蓄的日本社會有諸多難言苦衷，雖然在日本工作時，常有想逃離這個國家的念頭，但是回顧我整體留日生活，在日本工作的兩年終究是一段珍貴美好的回憶。

對於有意留日發展的人，我雖會忠告三思而後行，但若是多方評估、思量後決心挑戰，我絕對百分百鼓勵。準備好了，就勇敢地去圓夢，締造專屬於你的留日記憶吧！

釀生活03　PE0097

 日本工作去！
日本大手企業正社員募採用情報

作　　者	TOMOKO
責任編輯	陳佳怡
圖文排版	陳佩蓉
封面設計	王嵩賀

出版策劃	釀出版
製作發行	秀威資訊科技股份有限公司
	114 台北市內湖區瑞光路76巷65號1樓
	電話：+886-2-2796-3638　傳真：+886-2-2796-1377
	服務信箱：service@showwe.com.tw
	http://www.showwe.com.tw
郵政劃撥	19563868　戶名：秀威資訊科技股份有限公司
展售門市	國家書店【松江門市】
	104 台北市中山區松江路209號1樓
	電話：+886-2-2518-0207　傳真：+886-2-2518-0778
網路訂購	秀威網路書店：http://www.bodbooks.com.tw
	國家網路書店：http://www.govbooks.com.tw
法律顧問	毛國樑　律師
總 經 銷	聯合發行股份有限公司
	231新北市新店區寶橋路235巷6弄6號4F
	電話：+886-2-2917-8022　傳真：+886-2-2915-6275

出版日期	2016年1月　BOD一版
定　　價	350元

國家圖書館出版品預行編目

日本工作去！日本大手企業正社員应募採用情報 /
Tomoko著. -- 一版. -- 臺北市：釀出版, 2016.1
　　　面；　公分. -- （釀生活03；PE0097）
　　BOD版
　　ISBN　978-986-445-062-6（平裝）

542.7931　　　　　　　　　　　　　　104020260

讀 者 回 函 卡

感謝您購買本書,為提升服務品質,請填妥以下資料,將讀者回函卡直接寄回或傳真本公司,收到您的寶貴意見後,我們會收藏記錄及檢討,謝謝!
如您需要了解本公司最新出版書目、購書優惠或企劃活動,歡迎您上網查詢或下載相關資料:http:// www.showwe.com.tw

您購買的書名:_____

出生日期:_____年_____月_____日

學歷:□高中 (含) 以下　　□大專　　□研究所 (含) 以上

職業:□製造業　□金融業　□資訊業　□軍警　□傳播業　□自由業
　　　□服務業　□公務員　□教職　　□學生　□家管　□其它_____

購書地點:□網路書店　□實體書店　□書展　□郵購　□贈閱　□其他

您從何得知本書的消息?
　□網路書店　□實體書店　□網路搜尋　□電子報　□書訊　□雜誌
　□傳播媒體　□親友推薦　□網站推薦　□部落格　□其他_____

您對本書的評價:(請填代號　1.非常滿意　2.滿意　3.尚可　4.再改進)
　封面設計____　版面編排____　內容____　文／譯筆____　價格____

讀完書後您覺得:
　□很有收穫　□有收穫　□收穫不多　□沒收穫

對我們的建議:_____

_____

_____

11466
台北市內湖區瑞光路 76 巷 65 號 1 樓

秀威資訊科技股份有限公司　　　收

BOD 數位出版事業部

....

（請沿線對折寄回，謝謝！）

姓　　名：＿＿＿＿＿＿＿　年齡：＿＿＿　性別：□女　□男

郵遞區號：□□□□□

地　　址：＿＿＿＿＿＿＿＿＿＿＿＿＿＿＿＿＿

聯絡電話：(日) ＿＿＿＿＿＿＿　(夜) ＿＿＿＿＿＿＿

E-mail：＿＿＿＿＿＿＿＿＿＿＿＿＿＿＿＿＿